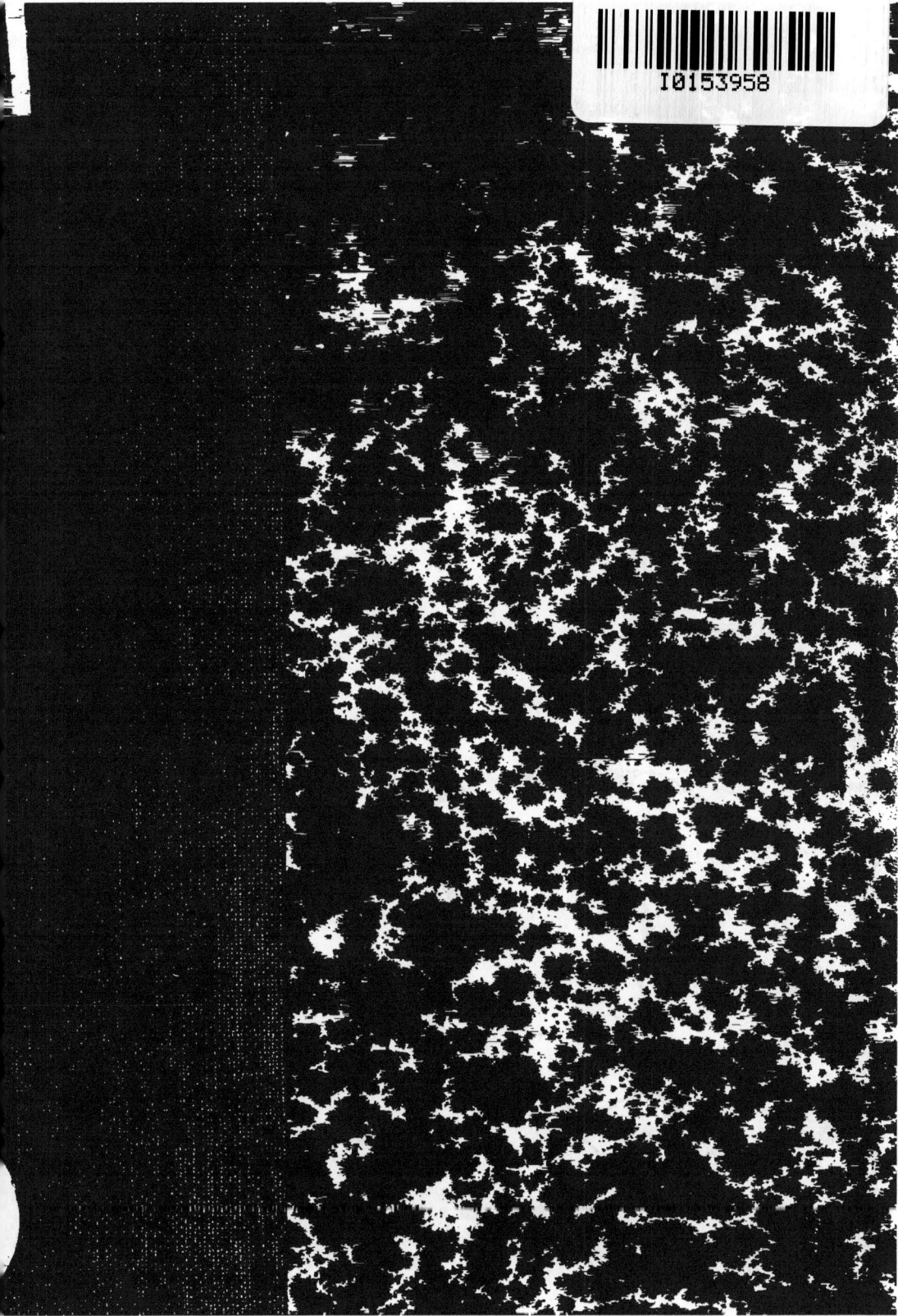

I0153958

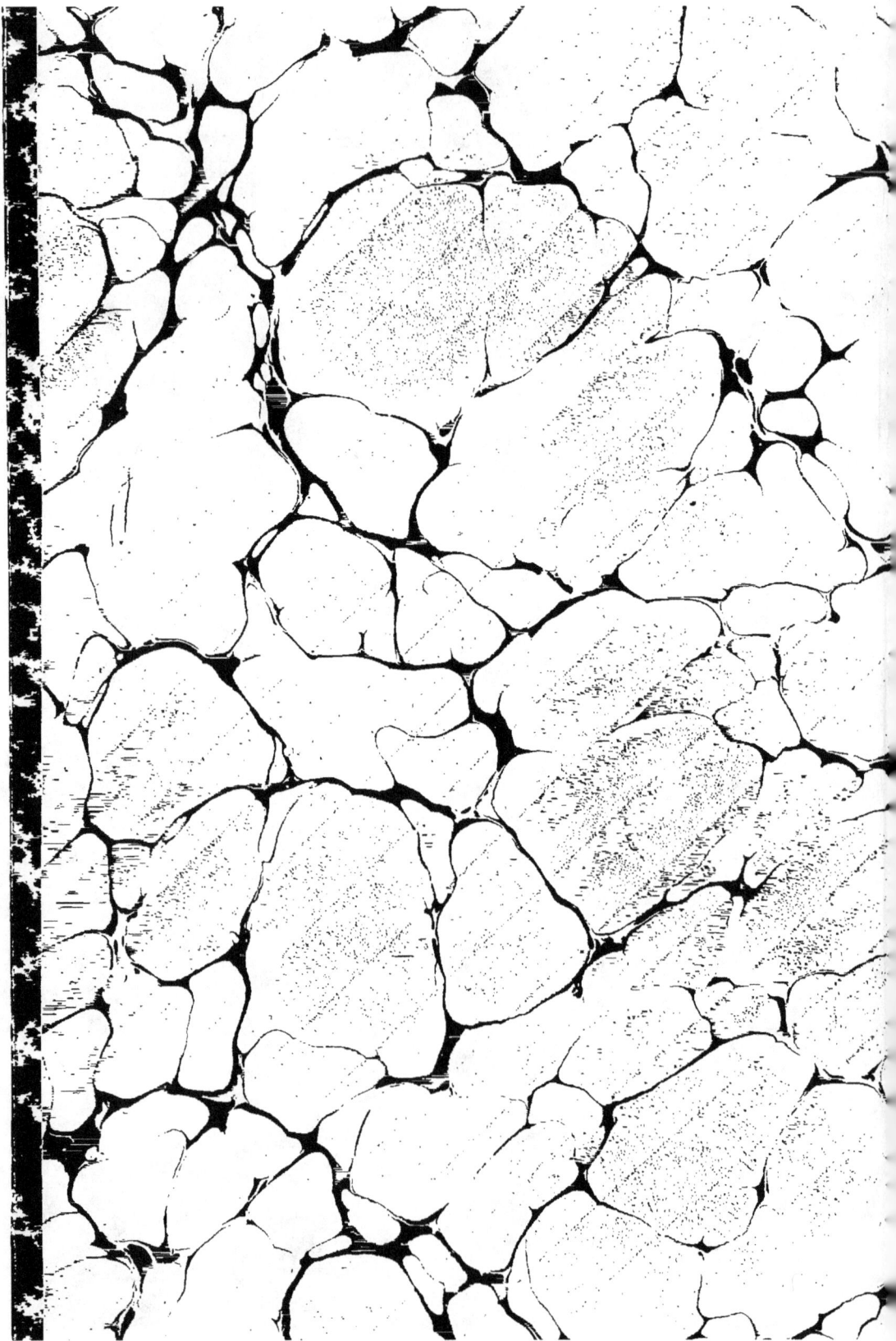

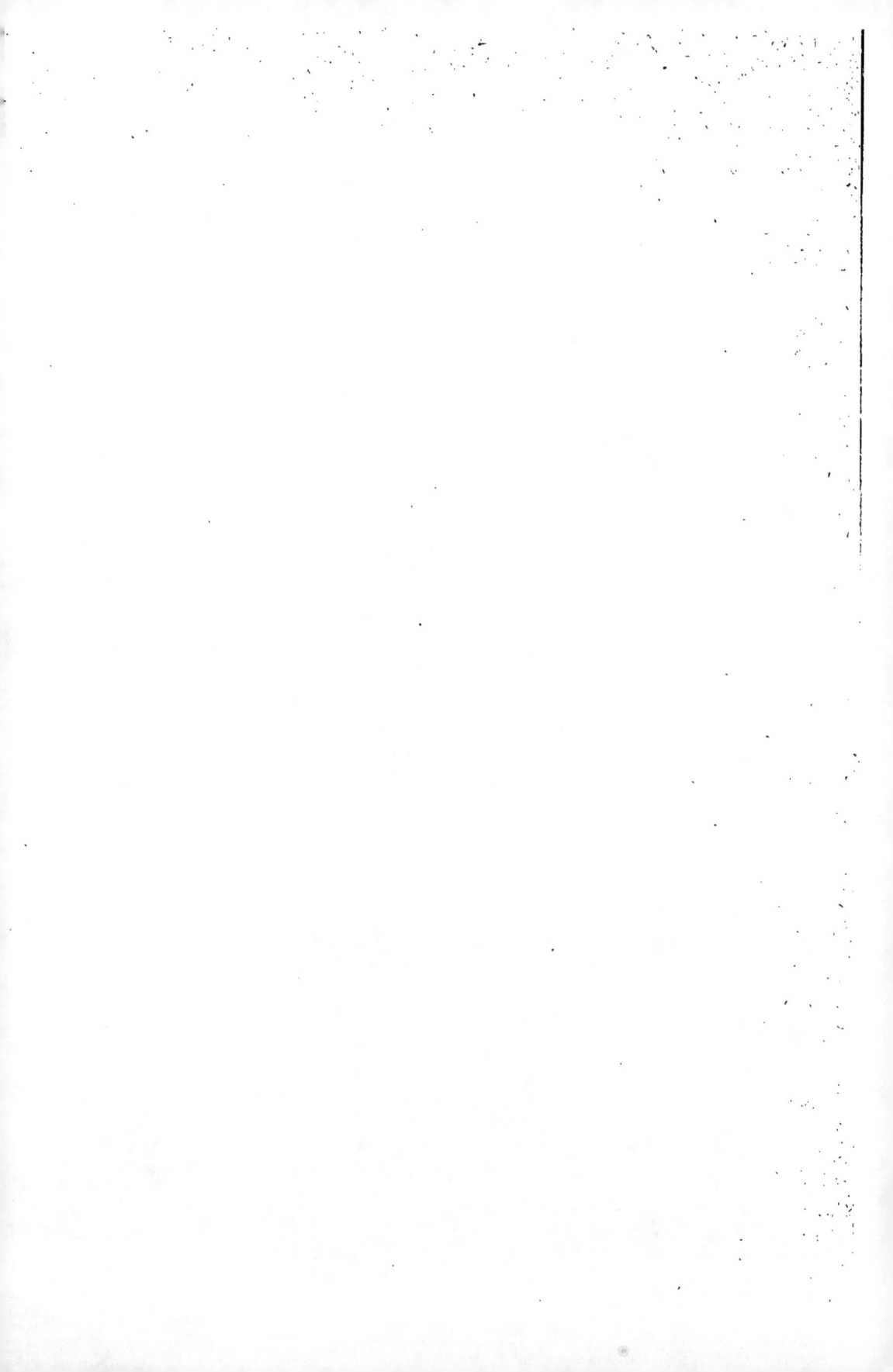

DIALOGUES

SUR L'ÉLOQUENCE

PAR FÉNELON.

———

2e SÉRIE GRAND IN-8°.

X 33/1
11

X.

18646

Propriété des Editeurs.

DIALOGUES
SUR L'ÉLOQUENCE

ET

LETTRE A L'ACADÉMIE

PAR FÉNELON

PRÉCÉDÉS DE

L'ÉLOGE DE FÉNELON, PAR LE CARDINAL MAURY.

LIMOGES,
Eugène ARDANT et C. THIBAUT,
ÉDITEURS.

NOTE SUR CETTE ÉDITION.

Nous n'avons pas à dire quels nombreux motifs nous ont portés à éditer, aussi nous, les œuvres de Fénelon qui composent ce volume. Ses *Dialogues sur l'Eloquence* et sa *Lettre à l'Académie* n'ont-ils pas constamment excité l'attention des hommes studieux et joui d'une célébrité spéciale dans les hautes écoles ? Les critiques même les moins disposés à louer les travaux qu'inspire l'amour de Dieu et de l'Eglise, n'ont-ils pas toujours loué ces livres, dignes en effet de la plus grande estime ? D'Alembert l'encyclopédiste n'a-t-il pas dit : « Ses *Dialogues sur l'Eloquence*, et sa *Lettre à l'Académie française* sur le même objet, renferment les principes les plus sains sur l'art d'émouvoir et de persuader. Il y parle de cet art en orateur et en philosophe ; des rhéteurs, qui n'étaient ni l'un ni l'autre, l'attaquèrent et ne le réfutèrent pas; ils n'avaient étudié qu'Aristote qu'ils n'entendaient guères, et il avait étudié la nature qui ne trompe jamais. » M. Villemain s'exprime de la sorte : « Nous n'avons dans notre langue aucun traité de l'art oratoire qui renferme plus d'idées saines, ingénieuses et neuves, une impartialité plus sévère et plus hardie dans les jugements. Le style en est simple, agréable, varié, éloquent à propos, et mêlé de cet enjouement délicat dont les anciens savaient tempérer la sévérité didactique. » (*Notice sur Fénelon.*)

Puisque cependant nous en avons retranché çà et là quelques pages, ce nous est un devoir d'exposer brièvement pourquoi. Dans les *Dialogues*, bien que Fénelon traite en général de l'Eloquence, il suffit de les parcourir pour voir qu'il a surtout en vue celle de la *chaire*. De là des réflexions historiques ou littéraires sur les prédicateurs de son temps, sermonnaires ou panégyristes, sur l'Ecriture sainte, les Pères, la théologie, etc., qui sans doute ont bien leur valeur, mais, il est aisé de le comprendre, une valeur toute relative. Autres sont les goûts, les devoirs, les études d'un élève du sanctuaire, autres ceux de la jeunesse bien plus nombreuse qui, dans le monde, doit seulement conserver l'amour des

lettres et du beau langage. Or, c'est surtout à cette classe de lecteurs que nos publications sont destinées.

La *Lettre à l'Académie*, où se retrouvent plusieurs idées indi-
quées dans les *Dialogues*, n'est pas moins remarquable. Que
nous suffisent ces citations de deux critiques modernes qui jusqu'à ce moment doivent leur célébrité à toute autre chose qu'à
la piété : « Fénelon, dit M. Sainte-Beuve, dans son admirable
Lettre à l'Académie française, a trouvé moyen, sans approfondir
aucune de ces questions, et en ne suivant aussi que le goût courant
de sa plume heureuse et de son souvenir ému, de tracer une
sorte de poétique charmante, toute remplie et comme pétrie du
miel des Anciens. »

Et le savant professeur M. Nisard dit à son tour : « On ne
trouve, chez les Anciens, que l'*Epître aux Pisons* qui soit comparable à la Lettre de Fénelon sur les occupations de l'Académie.
La pensée générale en est excellente ; c'est partout le simple, le
vrai, le naturel, que recommande Fénelon, et chacune de ses
phrases en est comme un modèle.... Les principes n'y sont qu'in-
diqués, mais d'une main si légère et si sûre, qu'ils flattent l'esprit
en même temps qu'ils le règlent. L'ouvrage est plein de jugements
courts et complets sur les genres, et de portraits frappants des
auteurs célèbres, tels que ceux de Cicéron et de Tacite, vives es-
quisses d'un pinceau qui peignait à fresque et ne revenait point
sur ce qu'il avait tracé.... » *Hist. de la Littér. française*, ch. XVI,
§ VII ; t. III, p. 463.

Mais ici encore nous avons cru devoir faire, et pour des motifs
identiques, quelques suppressions ; elles portent principalement
sur les idées que Fénelon propose à l'Académie sur le *genre dra-
matique* et sur la *comparaison des anciens et des modernes*. Deux
siècles nous séparent du jour où le pieux archevêque de Cambrai
écrivait ces pages, et ce qu'il dit ne peut réellement avoir d'autre valeur que celle d'un document historique, tant, à l'heure qu'il
est, ces questions sont connues et vidées.

Mais des dissertations qui ne périront jamais, parce qu'elles
tiennent à la substance même du beau, du bon et du vrai, sont
celles qui ont trait à la *grammaire*, à la *langue*, à la *rhétorique,
à la poétique*, à *l'histoire*, et que nous reproduisons ici presque
dans toute leur totalité.

PRÉFACE

DE L'ÉDITION DE 1718.

Les Anciens et les Modernes ont traité l'Eloquence avec différentes vues et en différentes manières : en dialecticiens, en grammairiens, en poètes. Il nous manquait un homme qui eût traité cette science en philosophe, en philosophe chrétien. Feu M. l'archevêque de Cambrai nous le fait trouver dans ces Dialogues qu'il a laissés.

On trouve dans les Anciens de beaux préceptes d'Eloquence, et des règles très délicates portées jusques à la dernière finesse : mais leurs principes sont souvent trop nombreux, trop secs, ou enfin plus curieux qu'utiles. Notre auteur réduit les préceptes essentiels de cet art admirable à ces trois qualités, à *prouver*, à *peindre*, à *toucher*.

Pour *prouver*, il veut que son Orateur soit un philosophe qui sache éclairer l'esprit tandis qu'il touche le cœur, et agir sur toute l'âme, non-seulement en lui montrant la vérité pour la faire admirer, mais encore en remuant tous ses ressorts pour la faire aimer ; en un mot, qu'il soit rempli de vérités pures et lumineuses, et de sentiments nobles et élevés.

Pour *peindre*, il veut bien qu'un Orateur ait de l'enthousiasme comme les poètes, qu'il emploie des figures ornées, des images vives et des traits hardis, lorsque le sujet le demande; mais il veut que partout l'art cache, ou du moins paraisse si naturel, qu'il ne soit qu'une expression vive de la nature. Il rejette par conséquent tous ces faux ornements qui n'ont pour but que de flatter les oreilles par des sons harmonieux, et l'imagination par des idées plus brillantes que solides. Il condamne non-seulement tous les jeux de mots, mais tous les jeux de pensées qui ne tendent qu'à faire admirer le bel esprit de l'Orateur.

Pour *toucher*, il veut qu'on mette chaque vérité dans sa place, et qu'on les enchaîne tellement, que les premières préparent aux secondes, que les secondes soutiennent les premières, et que le discours aille toujours en croissant, jusqu'à ce que l'auditeur sente le poids et la force de la vérité ; alors il faut déployer les images vives, et mettre dans les paroles et l'action du corps tous les mouvements propres à exprimer les passions qu'on veut exciter.

C'est par la lecture des Anciens qu'on se forme le goût, et qu'on apprend l'Eloquence de tous les genres. Mais il faut du discernement pour lire les Anciens, car ils ont leurs défauts. L'Auteur sépare les véritables beautés de la plus pure antiquité d'avec les faux ornements des siècles suivants, nous fait sentir l'excellent et le défectueux des auteurs, tant sacrés que profanes, et montre enfin que l'éloquence des saintes Ecritures surpasse celle des Grecs et des Romains en naïveté, en vivacité, en grandeur et dans tout ce qu'il faut pour persuader la vérité et la faire aimer.

Rien n'est plus propre que ces Dialogues à garantir contre le goût corrompu du bel esprit, qui ne sert qu'à l'amusement et à l'ostentation. Cette éloquence d'amour-propre affecte les vaines parures, faute de sentir les beautés réelles de la simple nature ; ses pensées fines, ses pointes délicates, ses antithèses étudiées, ses périodes arrondies, et mille autres ornements artificiels font perdre le goût de ces beautés supérieures et solides qui vont tout droit au cœur.

Ceux qui n'estiment que le bel esprit ne goûteront peut-être pas la simplicité de ces Dialogues ; mais ils penseraient autrement s'ils considéraient qu'il y a différents styles de dialogues. L'antiquité nous en fournit deux exemples illustres, les Dialogues de Platon et ceux de Lucien. Le premier, en vrai philosophe, ne songe qu'à donner de la force à ses raisonnements, et n'affecte jamais d'autre langage que celui d'une conversation ordinaire ; tous les dieux, tous les hommes qu'il fait parler sont des gens d'une imagination vive et délicate. Ne reconnaît-on pas d'abord que ce ne sont pas les hommes ni les dieux qui parlent, mais Lucien qui les fait parler ? On ne peut pas cependant nier que ce ne soit un auteur original qui réussit merveilleusement dans son genre d'écrire. Lucien se moquait des hommes avec finesse et avec agrément ; mais Platon les instruisait avec gravité et sagesse. M. de Cambrai a su imiter tous les deux selon la diversité de ses sujets. Dans les Dialogues des Morts qu'il a écrits pour l'instruction du jeune prince son élève, on y trouvera toute la délicatesse et l'enjouement de Lucien. Dans ceux-ci, où il s'agit de donner des règles d'une éloquence grave et propre à instruire les hommes en les touchant, il imite Platon ; tout est naturel, tout est ramené à l'instruction ; l'esprit disparaît pour ne laisser parler que la sagesse et la vérité.

ÉLOGE [1]

DE

FRANÇOIS DE SALIGNAC

DE LA MOTTE-FÉNELON

ARCHEVÊQUE-DUC DE CAMBRAI

PRÉCEPTEUR DES ENFANTS DE FRANCE.

———————◦⟨≡≡≡≡⟩◦———————

> Antiquâ homo virtute ac fide.
> *Ter. Adelph. act.* 3, *scen.* 4.

Lorsque Louis XIV confia l'éducation de ses enfants au grand homme que je viens célébrer dans le temple de l'éloquence, ce moment fut marqué par le plus éclatant témoignage de l'approbation publique. La société littéraire d'Angers pressentant les succès de cet immortel instituteur, proposa une couronne académique au poète citoyen dont les chants éterniseraient le souvenir du bienfait que Louis accordait à son peuple, en lui destinant un roi que Fénelon allait former.

La première académie de la nation renouvelle et environne aujourd'hui d'un plus brillant éclat l'hommage décerné au précepteur immortel du duc de Bourgogne par ses contemporains, et elle offre la palme de l'éloquence au talent qui s'élèvera jusqu'à son sujet, pour acquitter la patrie envers cet aimable génie également chéri, également célèbre dans les annales de la religion,

(1) De tous les éloges de Fénelon parvenus jusqu'à nous, celui qui nous a paru plus propre a remplacer ici une *notice biographique* est le magnifique discours prononcé devant l'Académie française par le cardinal Maury, en 1771, et qui obtint d'elle l'accessit. Parlant dans « le sanctuaire même des lettres, » l'illustre auteur de l'*Essai sur l'Éloquence,* si compétent en fait de critiques littéraires, si juste appréciateur des beautés du langage, dit, selon nous, les choses les plus capables de frapper l'attention d'un jeune lecteur. Nul mieux que lui ne saurait recommander l'étude de ces *Dialogues*, qui « se trouveront à jamais dans la bibliothèque des hommes instruits. » (*Note des Éditeurs*)

dans la carrière ouverte aux instituteurs des princes et dans le sanctuaire des lettres. Faibles orateurs, que peuvent nos efforts? Nos juges nous ont devancés : le choix seul qu'ils ont fait sera toujours plus glorieux pour Fénelon que le plus éloquent de nos éloges. Nous avons à peindre, selon l'heureuse expression de Vauvenargues, *un esprit évangélique*, et une vertu sublime : ce sera donc à l'âme plutôt qu'à l'imagination du panégyriste à guider son pinceau; celui qui aura le mieux senti Fénelon l'aura le mieux loué.

L'éloge de l'archevêque de Cambrai ne doit être en effet que son histoire écrite par le sentiment et par la vérité. Nous n'avons rien à exagérer, rien à feindre ; et au lieu d'aspirer à surpasser l'admiration publique dont il jouit, nous serions trop heureux de la pouvoir atteindre en parlant d'un homme qui fut l'orateur des peuples, et plaida la cause de l'humanité devant les rois ; d'un homme illustre par l'éclat de son nom, l'éminence de ses vertus, la supériorité de ses talents, l'importance de ses fonctions, le caractère de ses erreurs mêmes ; enfin d'un homme dont toutes les pensées eurent pour objet le bonheur du genre humain, qui dut tous ses revers à son génie et à sa vertu, et auquel il ne manqua pour être heureux que d'être un homme ordinaire.

Soit que l'on suive Fénelon dans ses missions en Saintonge, dans le tourbillon de la cour, dans le commerce des lettres, dans sa retraite à Cambrai ; soit que l'on considère en lui l'écrivain, le poète, l'orateur, le métaphysicien, le moraliste, le politique, l'instituteur, l'évêque, l'ami, le sage persécuté, sa vie réunit dans un degré éminent tout ce qui est digne d'intéresser un cœur sensible : des talents, des vertus, des malheurs.

Pour me borner dans un sujet si vaste, je rassemblerai tous ces rayons épars de la gloire de Fénelon, je suivrai dans ce discours le plan que l'admiration publique semble m'indiquer, puisque le nom seul de ce grand homme réveille dans tous les esprits l'idée du génie et de la vertu ; et je développerai tour à tour les talents et l'âme de l'auteur du Télémaque.

Je trahirais mon devoir, Messieurs, je tromperais votre attente, et je me montrerais en opposition avec mon sujet, si je privais la religion du triomphe que vous lui avez préparé en proposant l'éloge de l'archevêque de Cambrai. La gloire qu'elle doit en recevoir aujourd'hui est à la fois et le plus digne tribut de la reconnaissance du genre humain, et le plus juste hommage que puisse décerner le génie.

PREMIÈRE PARTIE.

L'intérêt qu'inspirent les grands hommes se répand sur le siècle qui les vit naître, et la postérité se plaît toujours à les contempler au milieu de leurs contemporains. Portons donc nos regards sur l'état de la France, au moment où le ciel illustra notre patrie par les vertus et les talents de Fénelon. Les secousses des guerres civiles, qui ne cessèrent d'agiter ce royaume depuis François Ier jusqu'à la majorité de Louis XIV, avaient donné la première impulsion aux esprits; les factions, nées des sectes, s'étaient enhardies aux plus affreux massacres sous les régences les plus odieuses; le ministère, ou plutôt le règne de Richelieu avait rétabli la paix en dirigeant les orages; le génie s'était déjà élevé sur nos contrées avec Descartes et Corneille; et ces deux grands hommes, nés au milieu de la fermentation de nos discordes civiles, avaient réveillé l'esprit humain assoupi dans nos climats où s'est formé si tard ce bon goût qui semble y avoir fixé pour toujours son empire. L'Europe, comprenant enfin que le fléau de la guerre causait à peu près les mêmes ravages dans chaque état, et retombait ainsi sur toute l'espèce humaine, l'Europe, lasse de crimes, venait de tarir à Munster la source de ce fleuve de sang qui avait inondé la terre pendant cent cinquante années. Une femme et un étranger gouvernaient la France, et les troubles de la Fronde, qui furent utiles à l'État, en rendant les factions ridicules, semblaient marquer le dernier terme de nos dissensions intestines; une grande révolution s'opérait à la fois dans les mœurs, dans les idées, dans la langue, dans le gouvernement, dans l'institution publique des ministres de la religion; enfin Louis XIV commençait à régner lorsque Fénelon parut.

Je ne m'arrête ni à sa naissance, qui fut illustre, ni à son éducation qui parut d'abord très négligée. Toutes les fois qu'il s'agit d'un homme de génie qui a honoré sa patrie et son siècle, il ne faut parler ni des aïeux dont il descend, ni des maîtres qui l'ont formé : c'est un prodige qui, toujours créé par lui-même, ne peut jamais être que l'ouvrage de la nature. Loin de ce tourbillon de la société, où les âmes perdent bientôt de leur énergie, Fénelon passa ses premières années dans la solitude de la province, où le génie fermente, et prit ensuite son essor vers la capitale, où le goût s'épure. Concentré dans la retraite avec l'amour de l'étude,

son talent et des mœurs, il acquit bientôt cette constance de méditation qu'il conserva toute sa vie, cette heureuse habitude de ré-
fléchir et de juger, dont il avait besoin pour dompter une imagination trop vagabonde ; et il eut le temps de devenir philosophe
avant de savoir lui-même qu'il était né poète.

Destiné à l'Eglise, Fénelon se montre de bonne heure beaucoup
plus occupé du besoin de posséder la science et de cultiver l'esprit de son état, que des moyens d'en obtenir les honneurs. En se
consacrant à l'étude immense de la religion dans le séminaire si justement célèbre de Saint-Sulpice, il ne veut point d'intermédiaire
entre lui et les auteurs sacrés, entre lui et les premiers Pères.
Il se familiarise avec les idiomes ; mais la belle langue des Homère et des Platon, avec lesquels son génie doit rivaliser un jour,
n'est encore pour lui que la langue des Basile et des Chrysostôme.
C'est dans cette première source de la littérature qu'il va puiser
les connaissances dont il a besoin pour exercer les fonctions du
ministre de la parole. Son zèle même concourt à la perfection de
son talent ; et il se forme à la fois pour le goût et pour l'éloquence, en croyant simplement nourrir sa piété d'une étude ap-
profondie de la religion.

Qu'était le christianisme pour Fénelon ? Une philosophie sublime qui démontre l'ordre, l'unité de la nature, et explique l'énig-
me du cœur humain, incompréhensible sans elle, le plus puissant
mobile pour porter l'homme au bien, puisque la foi le mettant
sans cesse sous l'œil de Dieu, agit sur la volonté avec autant d'empire que sur la pensée ; un supplément de la conscience qui com-
mande, affermit et perfectionne toutes les vertus, règle le présent par la perspective de l'avenir, établit de nouveaux rapports de
bienfaisance sur de nouveaux liens d'humanité, nous montre dans
les pauvres des créanciers et des média teurs auprès de la justice
divine, des frères dans nos ennemis, dans l'Etre suprême un père
et un juge ; la religion du sentiment, la seule sanction de la morale,
la vertu en action ; enfin un code qui prescrit, protége, récompense tous les devoirs de l'homme dans toutes ses relations socia-
les et dont chaque loi devient un bienfait du ciel : voilà ce qu'é-
tait le christianisme aux yeux de Fénelon.

Nourri de ces principes, s'empressa-t-il de partager avec l'évêque de Sarlat, son oncle, les fonctions les plus brillantes de l'é-
tat ecclésiastique, ou d'annoncer la religion dans les palais des
rois? Après avoir laissé mûrir dans la retraite ses talents et ses

vertus, Fénelon pieux pour être humain, ministre du ciel pour se rendre plus utile à la terre, supérieur aux idées d'ambition et de vaine gloire, se consacre à l'œuvre des missions dans les provinces éloignées. Mais ce ministère, qui semble condamner ses talents à l'obscurité, devient au contraire le fondement de sa réputation ; et bientôt le missionnaire de la Saintonge jouit de l'admiration de toute l'Europe. Apôtre d'une religion que la persuasion et la charité ont établie, il ne veut point employer d'autres armes pour en multiplier les conquêtes ; il sait que la douceur opère des conversions, au lieu que la violence n'enfante que l'hypocrisie ou le parjure ; et s'il accepte la qualité de chef des missions royales, c'est à condition qu'on instruira les hérétiques sans les persécuter ; et que Louvois, au lieu d'allier des satellites armés à l'apostolat de la charité, n'interviendra plus dans cette sainte entreprise, que pour éloigner les légions de Louis XIV de ces provinces désolées où Fénelon va combattre les calvinistes avec toutes les forces réunies de son élégance, de son zèle, de sa douceur, de ses exemples et de ses bienfaits.

L'état de missionnaire que Fénelon choisit va donc tourner également au profit des lettres et de l'humanité : et aux yeux des sages qui m'écoutent, c'est ici que son histoire littéraire commence. A peine a-t-il contemplé dans les villes le faste des riches, qu'il observe dans les campagnes les victimes qui l'expient, et qu'il voit retomber tout le poids des vices de la capitale sur les habitants des provinces. La douloureuse impuissance de soulager les besoins des pauvres lui fait envier les trésors de l'opulence ; mais il partage du moins les peines de l'indigent, il lui enseigne des vertus, s'il ne peut pas encore lui donner du pain ; et ramenant à son véritable objet une religion qui seule n'abuse jamais l'homme, mais le console et le soulage dans la douleur et dans l'infortune, il l'annonce dans les chaumières comme la philosophie du malheur. C'est surtout en parlant au peuple assemblé, en tirant de son âme plutôt que de sa mémoire les expressions enflammées qu'inspire aux âmes sensibles le besoin du moment, que Fénelon s'exerce à la véritable éloquence sur des hommes qui semblent n'avoir que des sens, et qu'il apprend à dominer le cœur humain par le ressort des mouvements ou par la puissance des images. C'est dans les places publiques, c'est au milieu des campagnes que ce jeune missionnaire, affrontant la rigueur des saisons, forme en lui l'orateur véhément, le moraliste profond, le poète sublime, le

pasteur charitable, l'instituteur immortel des princes : l'humble
théâtre de son zèle devient ainsi la plus instructive école de son
génie.

Fénelon ne s'est encore signalé par aucune production littéraire, et il atteint déjà son septième lustre. Il médite longtemps ;
il observe les hommes ; il amasse des connaissances ; il n'épanche
son génie dans aucune composition étrangère aux devoirs de son
état, jusqu'à ce qu'il se sente pressé par l'abondance de ses idées
du besoin de les répandre, et que la sûreté de son goût l'avertisse
de la maturité de son esprit. Telle est la marche de la nature, souvent violentée par l'impatience de jouir d'un talent qui ne sait
pas s'attendre lui-même. Lorsque les eaux à peine filtrées dans le
sein de la terre se hâtent de reparaître à sa surface, elles s'exha-
lent en vapeurs, ou s'écoulent en un faible ruisseau qui va bientôt expirer sur le sable ; mais qu'elles séjournent, qu'elles se re-
cueillent dans le flanc des montagnes jusqu'à ce que leur masse
s'ouvre une issue, vous verrez sortir un fleuve.

Fénelon ne peut plus retenir son génie ou plutôt sa vertu, qui
décèle déjà le penchant de son talent vers la morale. Faut-il en
être surpris? Le génie s'élance d'abord vers le genre auquel il est
le plus propre, et le premier ouvrage de choix indique presque
toujours la vocation littéraire d'un écrivain. Fénelon voit ce sexe
délicat et sensible que la nature a formé pour alléger nos peines,
idolâtré dans nos mœurs et toujours tyrannisé par nos institutions,
condamné par le préjugé à opter entre la honte de l'ignorance et
le ridicule du savoir réduit au don fugitif de plaire, sans oser
presque jamais prétendre à remplacer l'éclat des charmes par les
agréments de l'esprit. Il lutte seul contre son siècle : son *Traité
de l'éducation des filles* devient aussitôt le manuel des épouses et
des mères : et c'est à cette époque que la société nous présente en
France les grâces unies aux talents dans plusieurs femmes célèbres, qui ont remplacé par leur influence sur le caractère de notre littérature, l'empire que leur sexe avait exercé autrefois sur
l'esprit national de notre ancienne chevalerie.

Quand on voit Fénelon entrer dans la carrière des lettres, s'i-
maginerait-on qu'il dût parcourir un jour celle des honneurs? Ce
fut sa destinée, mais non son dessein ; et nous pouvons démentir
d'avance tous ces détracteurs indignes de croire à la vertu qui
l'accusèrent de cacher une âme ambitieuse sous les dehors
d'un désintéressement qui n'aspirait qu'à être oublié. Eh ! à quoi

pouvaient le conduire en effet des missions et des livres, dans la
carrière des honneurs ou de la fortune ?

Cependant aucune espèce de mérite supérieur ne pouvait échapper alors à la vigilante munificence d'un gouvernement qui savait faire concourir tous les talents à la gloire de la nation.
Louis XIV régnait; et ce prince, dont chaque action publique est
un exemple pour les rois, voulait que l'âme de ses petits-fils fût
formée par les premiers hommes de son empire. Louis leur donne
pour gouverneur ce Beauvilliers, sincère à la cour, pieux dans l'o-
pulence, humain dans les combats, sensible dans l'élévation, né
Lacédémonien parmi des Français, et qui obtient par ses vertus
un avancement que tant d'autres doivent à leurs bassesses. Les
âmes élevées se recherchent et s'attirent mutuellement. Beauvilliers justement persuadé que, de tous les suffrages, le plus digne
d'inspirer une entière confiance en faveur d'un homme qui ne demande rien en lui-même, est celui de ses instituteurs, Beauvilliers, sur le seul témoignage de son vertueux ami, Tronson, supérieur du séminaire de Saint-Sulpice, est assez grand pour ne
pas craindre la rivalité d'un grand homme : il demande Fénelon
pour collègue. Le choix du monarque est fixé : Montausier et Bossuet ont des émules de sagesse et de gloire.

Il n'appartient qu'au sage, digne d'occuper lui-même un trône,
d'élever l'enfant destiné à le remplir. Faire d'un homme un roi,
ou plutôt d'un prince un homme ; enseigner les droits des peuples
à l'héritier d'une couronne, trop tôt instruit des prérogatives de
la royauté, pour en étudier les devoirs ou pour en redouter le fardeau ; l'environner sans cesse dans son palais du tableau des mi-
sères publiques ; l'instruire des grands principes de l'admiration
sans jamais séparer la politique de la morale ; lui montrer dans
les lois le fondement et le frein de son autorité ; lui découvrir
sous le despotisme l'avilissement de l'humanité et l'instabilité du
pouvoir ; le forcer d'étudier ses obligations en visitant des chaumières ; lui faire voir ses armées, ses trésors, son peuple, non
dans la pompe des cités, bien moins encore dans le faste des cours,
mais au milieu des champs fertiles ; lui donner les yeux d'un particulier et l'âme d'un souverain ; enfin se placer entre lui et l'é-
clat du trône, et croire n'avoir rien fait, jusqu'à ce qu'il ait besoin
qu'on le console du malheur d'être condamné à y monter : c'est
sous ces traits divers que je me représente les dignes instituteurs
des rois, et que je contemple Fénelon leur plus parfait modèle.

La cour de Louis XIV? quel séjour pour Fénelon! Quoi! c'est
au milieu de ces fêtes où l'on célèbre quelquefois sous le nom pompeux de victoire la réunion de toutes les calamités humaines!...
Oui, c'est là même qu'il composera le Télémaque. Platon n'écri-
vait-il pas ses dialogues dans le palais de Syracuse, Aristote ses
traités de morale sous la tente d'Alexandre, Morus son *Utopie*
dans l'une des tours de la résidence royale de Saint-James, sous
les yeux de Henri VIII? Fénelon paraît donc à Versailles avec une
attrayante et irrésistible douceur de caractère peinte sur son front,
et qui réussit plus sûrement dans les cours que les dons de l'esprit, parce que peu de juges savent apprécier les talents d'un
homme en place, au lieu que tout le monde est frappé de ces avantages extérieurs qui appellent la bienveillance en fixant l'intérêt.
Il y porte la candeur de l'innocence, la sérénité de la modération,
des connaissances très étendues, une mémoire heureuse, une imagination brillante, le talent si rare de bien parler élevé au plus haut
degré d'enchantement, et l'art de se faire aimer, qui n'est pas le
même que l'art de plaire. Avec tous ces titres, une charge importante, un nom illustre; une conduite exemplaire et un succès
éclatant, le précepteur de l'héritier présomptif de la couronne,
délaissé dans l'humble désintéressement d'un mérite si rare, ne se
vit d'abord prévenu par aucune grâce ecclésiastique, et vécut
plusieurs années à la cour dans la plus étroite médiocrité.

Ah! ce vertueux instituteur s'occupait bien plus du soin de servir sa patrie, que des moyens d'avancer sa fortune. Etait-ce donc
à lui d'y penser? Il se souvenait avec effroi qu'il répondrait un
jour du bonheur de la France et du repos de l'Europe. Tout intérêt personnel disparaissait devant ces grands objets de la félicité
publique. Comment Fénelon va-t-il donc instruire ses augustes
élèves? Il est des esprits froids et sérieux qu'on ne conduit qu'avec
le fil d'une métaphysique abstraite; des esprits froids et sérieux
qu'on n'éclaire qu'avec le flambeau d'une logique exacte; des esprits bornés au raisonnement, qu'on ne subjugue que par l'ascendant d'une démonstration irrésistible; enfin des esprits imitateurs
qui n'obéissent qu'à l'impulsion de l'exemple. Mais il y a dans
l'homme, et surtout dans l'enfant, un autre instrument pour
agir sur sa raison et sur son âme, une autre faculté plus impérieuse, que la nature a placée entre nos sens et notre intel-
ligence, je veux dire l'imagination, qu'on pourrait appeler le
corps de la pensée: une fois gagnée, rien ne peut plus la déta-

cher d'un assentiment qui devient une affection vive et profonde : les sens, l'esprit, le cœur, tout cède. C'est par là que
Fénelon va s'emparer de la raison dominée par l'impétuosité
d'un caractère violent et rebelle dans l'enfance du duc de Bourgogne.

Je me représente ici Fénelon méditant dans la solitude le plan
qu'il doit suivre pour former son auguste disciple, et il me semble que je l'entends se dire à lui-même : « La superbe épopée, dé-
» daignant les leçons directes, instruit moins par des maximes que
» par des exemples : la seule épopée antique ne remplirait donc
» pas mes vues. Puisque la prosodie de ma langue reste au-des-
» sous du langage des Muses, je regretterai le supplément que
» cherche la poésie dans le joug importun de la rime : je ferai un
» véritable poème sans écrire en vers. Les mouvements et les si-
» tuations dramatiques, l'intérêt, l'enthousiasme, l'harmonie, les
» inversions et les images sont l'âme de la poésie, et peuvent
» s'allier à l'éloquence comme à la morale. Je ressusciterai donc
» les brillantes fictions de la mythologie, source intarissable d'i-
» dées sublimes. Ma véritable gloire est d'être utile à mon pays et
» au genre humain. Qu'importe que mon nom ne soit point placé
» parmi les poètes épiques, si je deviens le premier instituteur
» des souverains ; si je crée un ouvrage unique en son genre, un
» ouvrage classique et qu'on appellera comme on voudra, mais
» qui par les charmes d'une instruction dirigée vers tous les de-
» voirs et vers tous les dangers du trône, devra m'associer à l'é-
» ducation de tous les maîtres du monde qui naîtront après moi? »

Fénelon conçoit que l'impression des images laisse dans l'âme
des traces plus profondes que la marche du raisonnement. En
effet, l'esprit humain est plus porté au grand qu'au vrai ; et l'un
des principaux caractères de la faiblesse des enfants, est de ne pouvoir saisir la vérité sans des allégories qui donnent un corps aux
idées. Il sent qu'un beau poème sur les devoirs des rois serait
plus utile que le meilleur code. La force élude les lois et souvent les brave : la législation elle-même n'établit que l'ordre et
la paix parmi les hommes, au lieu que le génie les élève jusqu'à la
vertu. Fénelon généralisera donc son sujet pour former en même
temps l'homme et le souverain ; et en rendant son disciple témoin
des aventures les plus extraordinaires, il saura lui donner à la
fois l'éducation des hommes et celle des événements.

Où cherchera-t-il un modèle? il ne peut le choisir que dans

l'antiquité, où le merveilleux est en quelque sorte historique. Mais
Ulysse est un fourbe, Enée porte la piété, qui est la réunion de toutes les vertus, jusqu'à la superstition : d'ailleurs ce sont des rois
déjà formés. Fénelon a d'autres vues : il tire de l'Odyssée, qu'il
préfère à l'Iliade, un brillant et fécond épisode ; et réunissant l'enthousiasme d'Homère à la sagesse de Virgile, il met en scène,
avec le duc de Bourgogne, un prince de son âge. Heureux choix !
idée vraiment neuve, lumineuse et philosophique, d'avoir choisi
un enfant pour le héros de son poème ! car outre qu'il est dans la
vie humaine un point au-delà duquel le caractère devient immua-
ble dans le bien comme dans le mal, le rapport des années est
le plus prompt des liens entre les hommes, je dirais presque le
seul lien qui renferme toute l'égalité, toute la liberté, toute l'é-
nergie de l'amitié. Deux enfants du même âge se quittent rare-
ment sans se connaître et sans s'aimer dès la première entrevue,
tant qu'ils ignorent les aversions de la rivalité et les réserves de la
méfiance; et quand il n'existe entre eux aucune inégalité trop
marquée de rang, un empire naturel est bientôt dévolu à la supériorité de l'esprit et à l'ascendant du caractère.

Fénelon fait traduire cette heureuse fiction à son disciple, et
lui apprend ainsi à la fois la langue des anciens Romains et la
science du gouvernement. Jetons un coup d'œil rapide sur cet
ouvrage immortel qu'on prendrait pour une production des plus
beaux jours de l'antiquité. Morale, mythologie, politique, admi-
nistration, agriculture, commerce, arts et métiers, industrie, géo-
graphie, tout y est mis en action sous les yeux d'un jeune prince
pour étendre ses connaissances, pour éclairer sa raison, et pour
anticiper en sa faveur les leçons trop tardives de l'expérience qui
ne s'acquiert que par des malheurs ou par des fautes. Le Télémaque est le plus beau plaidoyer qu'on ait jamais composé pour le
genre humain contre l'indolence et les erreurs des rois ; et le génie de son auteur s'y montre aussi heureux que son sujet.

Sous quels traits et dans quelle situation Fénelon montre-t-il
Télémaque pour nous intéresser? Dans l'adversité. C'est un fils
généreux qui court chercher son père au loin, à travers les tempê-
tes. Quelles prodigieuses ressources exigeait de l'imagination de
l'écrivain cet immense épisode, placé à l'entrée du poème,
lorsque le disciple de Mentor est jeté par les vents dans l'île de
Calypso, et fait le touchant récit de ses longues infortunes ! Lecteurs sévères, la peinture des amours d'Eucharis et de Téléma-

que vous alarme peut-être ; mais ne fallait-il pas avertir un jeune prince des piéges qui l'attendaient au sortir de l'enfance ? L'imagination chaste d'un enfant était-elle souillée par une narration où tout respire la simplicité et l'innocence du premier âge ? La disposition de l'âme détermine l'effet du tableau : ce n'est pas ce qu'on y ajoute qui rend cette description trop séduisante. Eh ! que ne pardonnerait-on pas au poète, en faveur des conseils paternels de Mentor, et de la victoire déchirante qu'il force Télémaque de remporter sur les premiers transports de son cœur, au moment où il l'oblige d'immoler au seul espoir de retrouver son père toute sa tendresse pour Eucharis ! Vertueux et sublime instituteur d'un prince destiné au trône, ton âme et ton génie étaient également dignes de se mesurer avec une épreuve si redoutable. La sagesse t'absout d'avoir bravé cette situation si délicate mais si instructive que l'enfance de ton disciple excuse sous tes pinceaux. Eh ! combien la leçon devient plus frappante encore par l'intervention tutélaire d'une divinité réduite à précipiter le jeune Télémaque du haut d'un rocher pour l'empêcher de sacrifier les devoirs les plus sacrés de la piété filiale au premier délire de sa passion naissante ! O Fénelon ! quand le lecteur te blâme dans sa faiblesse d'avoir affronté ce danger, il oublie que tu as su en triompher avec gloire ; et il t'impute injustement la tentation d'y succomber lui-même, en se mettant à la place de Télémaque !

Suivons les moralités de ce poème, nous y verrons tous les devoirs des rois développés par les situations presque autant que par les préceptes : l'amour de la justice dans le gouvernement de Sésostris ; la constance au milieu de l'infortune, lorsque Télémaque est esclave en Egypte ; le châtiment de la tyrannie dans les remords de Pygmalion ; la protection qu'exige le commerce, dans l'histoire de Tyr ; le respect dû à la vérité, quand le fils d'Ulysse aime mieux mourir que de se permettre un mensonge ; les causes du bonheur public dans l'interprétation des lois de Minos ; l'amour de la patrie, quand Télémaque sacrifie le trône de Crète et la contrée d'Arpi au petit royaume d'Ithaque ; les ravages de la guerre dans la défaite de Bocchoris ; les avantages de la paix dans la réconciliation d'Idoménée avec les Manduriens ; les lois du commerce fondées sur la liberté ; les inconvénients du luxe ; les règlements d'une bonne police ; les bienfaits immenses de l'agriculture reconnue pour le fondement de la grandeur des états, dans la description de Salente ; le caractère d'un mauvais ministre dans le portrait de Protésilas ; les dangers de la prévention dans l'exil de Baléazar et dans le rappel de Philoclès ; enfin l'humanité due aux vaincus dans la conduite de Télémaque envers Ephiclès et Hippias.

Mais franchissons les temps et les lieux, et descendons dans les enfers avec le fils d'Ulysse. Quelle horreur le poète lui inspire pour la flatterie, en lui présentant l'image sublime de cette furie, qui répète éternellement aux mauvais rois, avec dérision, les mensonges de leurs courtisans, tandis que ces malheureux jouets de l'adulation la plus exagérée et la plus vile sont tourmentés sur la roue d'Ixion ! Quel jugement lui apprend-il à porter de l'inutilité des conseils sans le secours des exemples, en le rendant témoin, au Tartare, de ces reproches mutuels et inépuisables entre des pères vicieux et leurs enfants criminels ! Quelle crainte lui inspire-t-il du défaut de caractère dans les rois, en lui dépeignant Minos plus inexorable envers les monarques les plus méchants, parce qu'un prince méchant n'a que ses propres vices, au lieu qu'un prince faible partage tous les vices de sa cour ! Quelle idée lui donne-t-il de la vraie gloire, lorsqu'il lui montre dans l'Elysée les héros guerriers placés fort au-dessous des monarques bienfaisants ! Enfin, quel touchant tableau met-il sous nos yeux des droits et des épanchements de la nature, lorsqu'après tant de périls, tant d'instructions, tant de victoires remportées sur les adversités de la vie, sur la puissance des éléments, et sur son propre cœur, le disciple de Mentor rentre dans Ithaque, et retrouve son père chez le fidèle Eumée ! Le poème se dénoue par un sacrifice que Télémaque fait à la vertu, en surmontant son amour pour Antiope. Ainsi la tâche de Fénelon se trouve entièrement remplie : ainsi les vœux des peuples sont satisfaits. Alors Minerve quitte la forme humaine ; elle ne dévoile sa divinité qu'à la suite de cet acte religieux qui en amène dignement la manifestation et le triomphe, et donne au jeune prince cette dernière leçon, qu'on ne saurait trop répéter aux maîtres du monde, qu'*il faut s'attendre à l'ingratitude des hommes, et leur faire du bien.*

Quand on compare cette morale bienfaisante de Fénelon avec les principes inhumains de Machiavel, de Hobbes et de Filmer ; quand on voit ces controversistes politiques autoriser l'abus de la force, les meurtres, les dévastations, le despotisme attaquer l'humanité par des syllogismes méthodiques, montrer à l'homme son concitoyen, son allié, son voisin, son compétiteur,

son ennemi, et jamais son semblable ; tandis que notre instituteur poète, embellissant des grâces de son imagination tous les
droits sacrés de la raison, de la justice et de la vertu, est assez
courageux pour dire aux souverains les vérités les plus hardies,
et pour leur parler sans cesse au nom du genre humain, montre
dans Télémaque la piété la plus soumise envers les dieux, unie au
plus tendre amour pour les hommes, élève les rois à la dignité
de législateurs, au rang de pères du peuple, combat l'intérêt personnel, et préfère partout le juste à l'utile, oh ! que tous ces malheureux sophistes sont petits à ses côtés ! Quand on pense ensuite
que le véritable Télémaque n'est pas le fils d'Ulysse, mais l'héritier de Louis XIV ; que ce jeune prince, livré aux emportements
les plus impétueux de la colère, était devenu aussi doux, aussi
modéré que son instituteur ; qu'il était, à son cinquième lustre,
l'idole de la cour, de la capitale, de l'armée, de la nation, de l'Europe entière ; qu'on ne trouve pas dans ce chef-d'œuvre de Fénelon
une seule maxime, un seul sentiment qui ne lui ait été dicté par
son amour pour les malheureux, il est impossible de ne pas s'é-
crier, avec l'auteur de Séthos, que, *si le bonheur du genre humain
pouvait naître d'un poème, il naîtrait du Télémaque.*

Mais je n'ai encore montré dans l'auteur du Télémaque, considéré sous ce point de vue, que le moraliste. Oublié-je donc qu'en
lui l'écrivain fut aussi utile à la gloire des lettres que le philosophe à la félicité des peuples? Qui a mieux connu que Fénelon le
talent d'écrire et le grand art d'attacher le lecteur par sa manière
de revêtir et de développer sa pensée? Sa mythologie n'est nullement un rêve absurde : c'est une théologie lumineuse qui donne
à la vérité les Muses pour interprètes, qui met le sentiment et la
pensée de l'homme en commerce avec la nature entière, et qui
anime en quelque sorte tous les êtres en créant sous nos yeux un
nouvel univers.

Simple sans bassesse et sublime sans enflure, Fénelon préfère
des tableaux éloquents aux brillants phosphores de l'esprit. Il dé-
daigne ces saillies multipliées qui interrompent la marche du génie ;
et l'on croirait qu'il a produit le Télémaque d'un seul jet. J'ose
défier l'homme de lettres le plus exercé dans l'art d'écrire de distinguer les moments où Fénelon a quitté et a repris la plume :
tant ses transitions sont naturelles et coulantes, soit qu'il vous
entraîne doucement par le fil ou la pente de ses idées, soit qu'il
vous fasse franchir avec lui l'espace que son imagination agrandit

ou resserre à son gré ; et dans ce même poème où il a vaincu tant
de difficultés pour soumettre une langue rebelle, ou, pour rapprocher des objets disparates, on n'aperçoit jamais un effort. Maître de sa pensée, il la dévoile et la présente sans nuages : il ne
l'exprime pas, il la peint : il sent, il pense, et le mot suit avec
la grâce, la noblesse, ou l'onction qui lui convient. Toujours cou-
lant, toujours lié, toujours nombreux, toujours périodique, il connaît l'utilité de ces liaisons grammaticales que nous laissons perdre, qui enrichissaient l'idiome des Grecs, et sans lesquelles il n'y
aura jamais de tissu dans le style. On ne le voit pas recommencer
à penser de ligne en ligne, traîner péniblement des phrases, tantôt brusque, tantôt diffus, où l'esprit sautillant par temps inégaux,
manifeste son embarras à chaque instant, et ne se relève que pour
retomber : son élocution toujours pleine, souple et variée, enrichie
des métaphores les mieux suivies, des allégories les plus lumineuses, des images les plus pittoresques, n'offre au lecteur que
clarté, harmonie, facilité, élégance et rapidité. Grand parce qu'il
est simple, il ne se sert de la parole que pour exprimer ses idées, et
n'étale jamais ce luxe d'esprit qui, dans les lettres comme dans
les états, n'annonce que l'indigence. Modèle accompli de la poésie
descriptive, il multiplie ces comparaisons vastes qui supposent un
génie observateur, en développant les pensées les plus ingénieuses et les plus fines par les aperçus les plus naturels et par les
expressions les plus simples ; et il flatte sans cesse l'oreille par
les charmes de l'harmonie imitative. En un mot, Fénelon donne
la prose, la couleur, la mélodie, l'accent, l'âme de la poésie ; et
son style toujours vrai, enchanteur, inimitable, trop abondant
peut-être, ressemble à sa vertu.

Loin d'exagérer le mérite littéraire de Fénelon, je n'ai pas même
encore indiqué tous les genres dans lesquels il a excellé ; et tout-
à-coup son talent prend à mes yeux un nouveau charme et un plus
imposant caractère. Né avec un esprit fécond et flexible, il parut changer les ressorts de son génie en variant les objets de ses
études. Après s'être montré poète sublime, il devint profond métaphysicien, et transporta les grâces de son imagination et même
la sensibilité de son cœur jusque dans les déserts de l'ontologie.
Il n'y a peut-être pas si loin qu'on le pense des chants de la poésie
aux spéculations de la métaphysique. Presque tous les métaphysi-
ciens du premier ordre ont été poètes. On se souviendra longtemps
que Bossuet comparant les *mauvaises nuits* que Turenne fit passer

au roi d'Espagne à ces longues veilles que lui coûta la réfutation
des écrits apologétiques de Fénelon en faveur des *Maximes des
saints*, avouait sans détour qu'un jour de travail de son adversaire
le condamnait à plusieurs semaines d'étude ; et quand on lui demandait s'il était bien vrai que l'archevêque de Cambrai eût réel-
ment autant d'esprit que lui en attribuaient ses nombreux admirateurs : *Ah !* répondait-il, *il en a jusqu'à faire trembler*. Eh !
quel prodige de dialectique signalait donc le talent d'un adversaire qui a pu *faire trembler* Bossuet, sinon par l'embarras de ré-
futer sa doctrine, au moins par la crainte de ne pouvoir désen-
chanter ses partisans !

A quel usage Fénelon consacrera-t-il cette sagacité qu'il a reçue
de la nature pour saisir et développer les idées le plus abstraites ?
puisqu'au scandale de la raison, ou plutôt du cœur des hommes,
quelques rêveurs a'rabilaires ou corrompus ont osé nier l'existence de la divinité, Fénelon dont tous les écrits sont des bienfaits envers le genre humain ; Fénelon, l'écrivain le plus digne
sans doute de défendre ce dogme de la nature, le démontre et le
fait triompher des ténébreux sophismes de Spinosa ; et c'est avant
la régence qu'il traite par écrit avec le duc d'Orléans cette grande
question de la nécessité d'un être créateur, que Voltaire eut ensuite la gloire de défendre d'une manière très lumineuse dans les
premiers temps de sa correspondance avec le roi de Prusse. Il ne
s'enfonce point dans un labyrinthe de raisonnements compliqués :
il croirait trop circonscrire et dégrader la majesté divine, s'il n'é-
tait entendu que d'un petit nombre de philosophes en prouvant
l'existence du premier être. Toujours fidèle à son système, il s'a-
dresse à l'imagination, il dévoile la nature, il parcourt tout l'univers : il assiste à la création ; il découvre et montre partout un
ouvrier, un dessein, un ensemble, une suite uniforme, en un mot,
une providence, pour confondre l'athéisme comme le scandale de
la raison et le crime de l'esprit. C'est par des preuves évidentes et
sensibles que l'archevêque de Cambrai défend ainsi la cause de
Dieu ; je me trompe, c'est celle de l'homme : c'est la vérité la plus
consolante, la plus nécessaire, et heureusement aussi la plus évi-
dente comme la plus incontestable.

Que ne puis-je suivre Fénelon dans sa lettre et dans ses dialogues sur l'éloquence, qui ne furent pour lui que des récréations
littéraires ! son véritable chef-d'œuvre, c'est l'âme du duc de
Bourgogne. Il évoque les morts de la poussière des tombeaux,

pour mettre en action, sous les yeux de son royal disciple, les
tableaux les plus philosophiques de l'histoire. Convaincu de la
certitude et de l'utilité de la religion ; persuadé que, fût-elle inutile au reste des hommes, malheureux ou méchants, ce qu'aucun
écrivain de bon sens n'oserait soutenir avec une conviction intime, elle serait toujours nécessaire aux souverains, l'auteur du Télémaque déchire tous les voiles de ses fictions. Ce n'est plus à un
enfant, c'est à la conscience du chrétien qu'il s'adresse. Dans
quelle situation place-t-il son élève ? Il l'appelle à ce moment de
vérité, de repentir et de miséricorde où l'homme, prosterné devant
le tribunal sacré, se dénonce lui-même à son juge qui devient
aussitôt son médiateur charitable et le réconcilie avec Dieu, au
nom duquel il lui pardonne ses erreurs et ses fautes. Le directeur
va plus loin que l'instituteur : son cœur s'épanche ; en interro-
geant, il accuse ; en énonçant, il démontre ; en avertissant, il
frappe. Quand on lit cette instruction paternelle, où les maximes
les plus abstraites de l'art du gouvernement deviennent aussi lumineuses que les éternels axiomes de la raison, l'on croit voir
l'humanité s'asseoir avec la religion aux côtés d'un jeune prince
pour lui inspirer de concert toute la délicatesse de conscience que
l'Evangile exige d'un roi pour lui révéler tous les dangers, toutes
les illusions, tous les piéges dont il est obligé de se préserver,
tous les jugements de Dieu et des hommes qu'il est chargé de prévenir ; enfin tous les conseils de la véritable gloire qu'il doit am-
bitionner et toutes les règles de la morale qu'il doit suivre, s'il
veut rendre les peuples heureux. Voilà le but de Fénelon ; et voilà
aussi quels furent dans l'âme du duc de Bourgogne les bienfaits
et les triomphes des *Directions pour la conscience d'un roi!*

C'est par cette immortelle production que Fénelon termine ses
travaux littéraires. Revenons maintenant à l'ensemble de ses
écrits, et mesurons la carrière qu'il a parcourue. Quand la nature
forme un grand homme, le génie de l'écrivain n'est pas un don
absolu qu'elle lui fait : ce n'est qu'un dépôt qu'elle lui confie, et qui
appartient tout entier à l'humanité. Or, je demande aux plus in-
justes censeurs de Fénelon ; car il faut l'avouer pour le triomphe
et la consolation de la vertu méconnue, Fénelon eut des ennemis
et même des détracteurs durant le cours d'une vie si modeste et
si pure, je demande, dis-je, hautement à la prévention et à la
haine si ce grand homme, doué par le ciel d'un si beau talent, ne
s'est pas acquitté de la dette que son génie lui imposait envers ses

semblables, et s'il n'a pas lié tous ses écrits au bonheur du genre humain. Tant que ses ouvrages vivront, et ils vivront autant que le monde, les peuples auront un protecteur, les rois un guide, les instituteurs des princes un modèle ; et le génie du bien, fier d'avoir créé le Télémaque, publiera de siècle en siècle que les maximes fondamentales de ce poème méritent d'être gravées en lettres d'or sur les marches de tous les trônes. La gloire de Fénelon ne se bornera même point à l'admiration qu'inspirent ses talents ; et il me semble qu'entre toutes les vertus les plus attrayantes qui honorent vraiment le genre humain on citera toujours, comme l'un de ses plus beaux titres de gloire en ce genre, la vie et l'âme de Fénelon.

SECONDE PARTIE.

Parler de l'âme de Fénelon, c'est parler de la vertu elle-même. Qu'est-ce donc que la vertu ? C'est la préférence du bien général à l'intérêt particulier ; c'est le sacrifice du penchant au devoir ; c'est un sentiment profond de l'ordre qui dirige nos affections vers tout ce qui est juste, bon et honnête ; en un mot, c'est la raison du cœur. J'ose le dire, si Fénelon n'eût pas été vertueux, si ses écrits n'étaient pas le miroir de son âme, nous devrions tous pleurer sur son génie, et arroser de nos larmes ces chefs-d'œuvre qui nous donnent une si haute idée de l'esprit humain. Des vices dans Fénelon (cette supposition seule est un blasphème) seraient en effet des arguments contre la vertu, puisqu'ils démontreraient qu'on peut la peindre sans la sentir, ou la sentir sans l'aimer ; mais cet excès d'hypocrisie n'est pas donné aux méchants. Il échappe toujours un trait, une réflexion, un mot qui décèle l'imposture combinée, ou l'exaltation factice d'un écrivain qui joue un rôle étranger à son âme, lorsque sa plume n'est pas d'accord avec son cœur ; et la vertu a son inimitable accent comme la vérité. Que Fénelon soit donc jugé sur ses propres maximes : on verra que son génie n'a fait que la moitié de ses ouvrages, et que l'homme ayant partagé le travail de l'auteur doit également participer à sa gloire.

Accoutumé depuis longtemps à vivre à la cour, dans ce pays d'illusions où l'on ne peut avoir qu'une existence précaire, et où l'on perd non-seulement le bonheur, mais la faculté d'être heureux ailleurs, l'instituteur du duc de Bourgogne regarde l'épiscopat comme la plus belle récompense d'une éducation si généralement et si justement admirée qu'elle semblait l'appeler dès lors aux conseils du souverain. Mais ce n'est ni l'ambition qui le tente, ni l'oisiveté qui le séduit : il sait qu'il ne se réservera sur l'un des sièges les plus riches du royaume que l'exercice habituel de son ministère ; qu'il s'imposera en toute rigueur le fardeau de sa dignité dans un pays conquis où il doit craindre toutes les préventions d'un diocèse réuni récemment à la France, préventions excusables qui le feront longtemps regarder comme un étranger dans sa propre église ; et qu'il entre enfin dans une nouvelle carrière de travail, peut-être même de tribulation, quand il accepte l'archevêché de Cambrai, où le redoutable honneur de succéder à un prélat justement chéri et révéré en Flandre, et singulièrement considéré à la cour, augmente ses modestes inquiétudes et oppresse son âme du danger le plus cruel qui puisse la menacer, en lui faisant craindre de n'être jamais aimé de son troupeau. Ah ! qu'il est doux de rappeler aujourd'hui dans son éloge une si touchante angoisse dont sa vie bientôt nous le montrera guéri par l'enthousiasme de ses diocésains transportés autour de lui d'admiration et d'amour !

Ce nouveau prélat, dont l'exactitude à ne blesser jamais aucune loi canonique égale en toute occasion le noble désintéressement, ne croit pas qu'il lui soit permis d'occuper deux postes dans l'Eglise, tandis que le mérite n'en peut souvent obtenir un seul : il se démet aussitôt volontairement de l'abbaye de Saint-Valery, à laquelle Louis XIV ne l'avait nommé qu'en s'excusant de lui donner *si peu et si tard.* Viendra-t-il dissiper dans une cour voluptueuse le patrimoine des pauvres? Quoique l'éducation des princes ne soit pas encore terminée, il se réserve neuf mois de résidence à Cambrai; il oppose aux sollicitations de ses amis, au vœu de ses augustes disciples, aux instances même de son roi, les lois de l'Eglise qui ne lui accordent que trois mois de vacances durant le cours de chaque année, et les lois non moins sacrées de l'humanité, qui ne lui permettent point de se séparer plus longtemps de son troupeau. Hélas ! quand il employait ainsi toute la fermeté de ses principes, toutes les ressources de son crédit, toutes les insinuations de sa douce éloquence, tout le charme de son esprit, pour obtenir la liberté de se retirer pendant trois saisons de l'année dans son diocèse, il ne prévoyait pas sans doute qu'un ordre

d'exil, p rès de l'y conduire, dût si tôt l'y reléguer pour toujours.
Je le vois ne jamais dédaigner à Cambrai les mêmes fonctions de
missionnaire qu'il avait exercées avec tant d'ardeur et de succès
en Saintonge, consacrer ses revenus à la dette de l'aumône et ne
déployer son talent que dans des cathéchismes populaires. Des
enfants pour auditeurs, des bergers pour disciples, des missions
pour fêtes, des pauvres pour courtisans : voilà les plaisirs de l'esprit que goûte de préférence l'auteur du Télémaque ! voilà le genre
de vie apostolique auquel Fénelon se dévoue habituellement sur
l'un des siéges les plus opulents et les plus décorés de la France !

Oh ! qu'il est beau, qu'il est touchant de contempler au milieu
des campagnes du Cambrésis, où le don le plus rare de la parole
et le talent le plus signalé pour l'éloquence ne sont plus sur ses
lèvres que des épanchements paternels du ministère pastoral, ce
même prélat auquel deux chefs-d'œuvre dans le genre oratoire,
je veux dire son discours pour le sacre de l'électeur de Cologne,
et son sermon plus sublime encore pour la fête de l'Epiphanie dans
l'église des missions étrangères, ont suffi pour le placer à jamais
parmi nos orateurs du premier ordre ! C'est en le voyant avec admiration et bien plus encore avec amour dans les chaires de ces
temples rustiques étonnés d'entendre de sublimes accents, qu'on
se plaît à le confronter avec ses propres maximes ; qu'on se rap-
pelle avec attendrissement ces paroles qu'il adressait à Bossuet durant leurs tristes débats sur le quiétisme, et dont il justifie alors
par ses exemples toute l'énergie apostolique : *Trop heureux si, au
lieu de ces guerres d'écrits nous avions toujours fait notre caté-
chisme dans nos diocèses, pour apprendre aux pauvres villageois
à craindre et à aimer Dieu.*

Déterminé à remplir ainsi tous ses devoirs de pasteur, Fénelon
réserve donc à son troupeau cette même voix qui faisait naguère
les délices de la cour, et flattait souvent le goût de l'Académie
française, laquelle, en le consultant durant son épiscopat sur les
questions les plus intéressantes pour la gloire des lettres, sut forcer quelquefois sa modestie d'illustrer encore sa retraite et d'enrichir notre littérature par de nouveaux chefs-d'œuvre.

Ramenant alors, pas ses relations les plus intimes avec son auguste élève, tous ses travaux littéraires vers l'étude de la morale,
Fénelon plie son génie aux devoirs de sa place, et réunit le zèle
apostolique d'un évêque à la touchante véracité d'un ami, dans
les instructions qu'il adresse encore au duc de Bourgogne. Ce

fut ainsi que Cicéron s'éleva du fond de sa retraite au-dessus des grands succès qu'il avait obtenus à la tribune, en traçant des principes et des règles de conduite à son fils, dans les beaux traités de morale dont il sut honorer les derniers jours de sa vie, après la perte de la liberté romaine. Les *Directions* de l'archevêque forment le complément des *Offices* du consul ; et ces deux ouvrages ont été rédigés par ces deux grands hommes dans le même âge, dans la même situation, dans les mêmes vues.

Plus Fénelon médite sur les obligations et sur les besoins de l'espèce humaine, plus il s'attache à l'étude de la religion qui peut seule embrasser toute la morale, sanctionner ou consacrer tous ses préceptes, et environner sans cesse le méchant du plus incorruptible des témoins ou plutôt du plus inexorable des juges, la conscience. Mais en dirigeant ses travaux vers le genre ascétique, l'archevêque de Cambrai se laisse égarer par une sensibilité trop vive qui va l'honorer jusque dans ses écarts.

La nature a fait l'homme faible. Il lui est difficile de se fixer constamment sur la ligne étroite, et bien moins encore au plus haut sommet de la vertu ; et quand même il serait vrai que la perfection fût accessible à un être créé qui n'est jamais pleinement *confirmé en grâce* durant cette première vie, la persévérance absolue dans un juste milieu, où se trouve toujours la véritable mesure du devoir, serait encore au-dessus des forces humaines. *La doublure de toutes nos vertus*, dit Montaigne, *est d'ordinaire un défaut, auquel on la voit se mélanger, sitôt qu'elle vient à se pousser en delà.* Chaque grande qualité touche en effet à quelque abus ; l'extrême justice est cruauté : l'exagération de la bonté devient faiblesse : la fermeté avoisine l'obstination : la douceur finit où la pusillanimité commence : l'écueil du courage, c'est la témérité : le désir de la gloire engendre l'amour des conquêtes : une paisible modération se transforme en molle insouciance : la politique dégénère en fourberie : le génie entraîne aux systèmes, et la piété peut conduire à la superstition : l'écueil de la vertu, c'est l'excès de la vertu même. Fénelon ne saura ni se méfier de ce danger, ni échapper à ce piége. Dès que le quiétisme est inventé, cette mysticité des illusions de l'amour divin semble avoir droit de le séduire. C'est l'hérésie des cœurs trop sensibles : ce doit donc être la sienne.

Qu'était le quiétisme dans son origine ? l'idéologie des âmes pieuses, un système métaphysique et inintelligible de spiritualité,

qui bannissait du service de Dieu le raisonnement pour n'y laisser
que l'amour ; sacrifiait l'intérêt inhérent au devoir pour y subs-
tituer une présomptueuse générosité envers l'Être suprême, et
faisait de la vertu un instinct aveugle plutôt qu'un effort réfléchi.
Au milieu de cette apathie contemplative, l'homme s'exposait à
succomber tour à tour à l'illusion, au fanatisme, au dérèglement ;
il oubliait ses sens pour mieux exalter ses idées, dédaignait de régler ses actions par respect pour l'immutabilité des décrets éternels ; et s'abandonnant à l'impiété du désespoir, il croyait pouvoir
acquiescer d'avance à sa propre damnation, pourvu qu'il aimât
Dieu : comme s'il était possible d'aimer encore un Dieu dont on
n'aurait plus rien à espérer, en lui sacrifiant dans un pareil délire
jusqu'à la béatitude éternelle !

Innocent XI s'était flatté d'avoir enseveli le quiétisme avec Molinos dans les prisons de l'inquisition. Mais soit que l'erreur ait
des appas irrésistibles pour la faiblesse et plus encore pour l'orgueil originel de l'esprit humain, soit plutôt que la persécution
contribue encore à ses progrès, en inspirant pour l'homme une
pitié dont le sectaire profite toujours, d'autres visionnaires, con-
fondant les élans de l'enthousiame avec les mouvements du cœur,
supposèrent aussi que l'homme pouvait être libéral envers Dieu ;
et aussitôt la contemplation mystique dégénéra en un état pure-
ment passif d'oraison, où les chimères, les extases, le délire de
l'imagination, l'abandon de la volonté ne parurent plus aux âmes
tendres qu'une communication plus intime avec l'Être suprême.

Parmi ces ardents prosélytes de Molinos j'aperçois cette fameuse
Guyon qui sut vaincre dans la dispute les plus célèbres théolo-
giens, fit commenter les Pères de l'Eglise au débauché Tréville,
et rendit quiétiste l'épicurien Corbinelli. Tendre amante de Dieu,
elle se trompait d'objet dans les effusions de sa piété ; recherchée
des grands quoique persécutée, assez dupe elle-même de son imagination, dans les épanchements de son éloquente ferveur qui res-
semblaient à des extases, pour séduire les courti sans les plus re-
nommés par leurs sentiments religieux, les plus sages institutri-
ces de Saint-Cyr, madame de Miramion et madame de Maintenon
elle-même, elle trouvait la foi trop servile, l'espérance trop mercenaire, l'amour même trop languissant ; et, dans ses pieuses rê-
veries, elle croyait opérer des prodiges, elle osait même prophé-
tiser l'avenir dans les livres dont les seuls titres annonçaient le
délire. Sa tête était exaltée, mais son cœur se montra toujours

pur; et je ne sais quel sentiment de respect vient se mêler à la pitié qu'elle inspire, quand on entend Fénelon honorer cette femme visionnaire du titre si glorieux d'*amie,* jusque dans ses ouvrages apologétiques où il se défend contre Bossuet.

Malgré les adoucissements par lesquels madame Guyon a cru tempérer les dangers du quiétisme, qui n'est plus pour elle qu'une erreur de spéculation, Fénelon aperçoit encore des excès et des écarts jusques dans les modifications de ce système, et il entreprend de les réformer. Mais son cœur va entraîner sa raison. Arrête, vertueux auteur de Télémaque, arrête, vois le piége que ta sensibilité dresse sous tes pas! Est-ce un cœur comme le tien à poser les limites de la tendresse que l'homme peut avoir pour Dieu? Ah! laisse, laisse marquer le point où commence l'illusion à des écrivains trop froids pour le pouvoir jamais atteindre.

Déjà Fénelon prend la plume. Par une fatalité singulièrement déplorable, il est séduit avant même qu'il écrive. Il ne connaît qu'une édition altérée des œuvres de saint François de Sales; et sur la garantie d'une pareille autorité, dont il ne peut soupçonner la fraude, en croyant citer les paroles de l'évêque de Genève, il tombe dans une erreur de fait involontaire et presque inévitable, mais dont ses implacables censeurs sauront cependant se prévaloir pour l'accuser d'être un faussaire.

Dans cette même *Explication des maximes des saints,* qu'il a publiée pour marquer les écarts du quiétisme, avouons-le hautement à la gloire de sa belle âme, Fénelon est assez pieusement tendre pour s'égarer à son insu; et en tendant une main charitable à l'erreur pour l'aider à se relever, il tombe lui-même dans ses filets. Ce système ravage la capitale avant que Louis XIV le connaisse encore de nom. Je ne prétends pas assurément lui en faire un reproche; mais je n'en déplorerai pas moins cette fatalité qui dérobe sans cesse à la connaissance des rois ce qui se passe autour d'eux. Malheureux princes! condamnés par votre élévation à souvent ignorer les événements dont vous semblez être les témoins, si un jour vous sortiez du tombeau pour lire votre jugement dans nos annales, vous ne comprendriez peut-être pas la moitié de votre propre histoire. Vous vous trouveriez étrangers dans vos états, dans votre cour, dans votre famille, dans vos conseils; vous apprendriez de la postérité les causes secrètes qui déterminèrent vos plus importantes résolutions, et vous discerneriez avec surprise les mobiles cachés de vos propres actions qui furent

pour vous des mystères. Dissipez, tandis qu'il en est temps encore, dissipez tous ces nuages dont vous êtes environnés. Voulez-
vous connaître le présent? étudiez le passé. Voulez-vous même
deviner l'avenir et savoir comment parlera de vous la postérité?
écoutez ce que vos contemporains disent de vos prédécesseurs.
Cette justice inexorable du genre humain doit vous manifester
d'avance le jugement qui vous est réservé, et que vous pouvez
entendre dès aujourd'hui, au milieu de vos flatteurs dont la langue vous trompe, tandis que leur conscience vous juge. Instruisez-vous donc, ô rois ! instruisez-vous ; et que l'histoire devienne
enfin utile au genre humain, en vous apprenant à vous connaître
vous-mêmes !

Louis XIV, qui ne soupçonna point ces débats mystiques durant
quelques années, n'avait encore pu donner aucun signe d'ani-
madversion au vertueux auteur des *Maximes des saints*. Mais la
haine est plus vigilante et plus active que l'autorité ; et déjà le
zèle, s'unissant peut-être à d'autres motifs qu'on masquait de ce
prétexte pour punir l'archevêque de Cambrai de ses succès, le
presse avec tant d'éclat de corriger son livre que, pour se sous-
traire à cette espèce de rétractation, il le dénonce lui-même au jugement d'Innocent XII. Il est juste que Fénelon expie d'avance le
bien qu'il a préparé aux hommes en composant le Télémaque.
Louis, jugeant d'après ses préventions de l'auteur théologien par
l'écrivain politique, ne voit en lui qu'un *bel esprit chimérique*.
Fénelon un chimérique bel esprit ! Eh ! comment un roi d'un si
grand sens, si justement renommé par son habileté à discerner
et à placer les hommes, a-t-il pu concevoir ou adopter une si
étrange opinion ? Serait-ce donc que l'auteur du Télémaque, ne
consultant que le droit abstrait de la nature, avait vu les hommes
en philosophe que l'enthousiasme de l'amour du bien public
éblouit et entraîne quelquefois au-delà du but dans le vaste champ
des théories ; au lieu que le monarque observait avec les yeux
d'une longue expérience les hommes tels qu'ils sont, et peut-être
tels qu'il les avait faits lui-même? Pardonnons à un souverain
éclairé par un règne de soixante ans de n'avoir pas approuvé plusieurs maximes politiques, impraticables dans nos gouvernements
modernes ; mais plaignons-le de n'avoir pas démêlé, de n'avoir
pas senti Fénelon.

Eh ! plût à Dieu que nous n'eussions aujourd'hui à venger l'archevêque de Cambrai que des seules injustices d'un roi ! les pré-

ventions du pouvoir durent moins l'affecter que les oppositions du génie. Ici mon cœur se serre, au moment où j'ai à prononcer sur un différend à jamais déplorable qui divisa deux grands hommes. Quel parti dois-je prendre dans cette fameuse dispute que la fin du dix-septième siècle vit s'élever entre Bossuet et Fénelon? J'imiterai Homère, qui n'a pas craint de peindre toute la grandeur d'Hector, même à coté d'Achille, pour faire mieux ressortir la gloire de son héros.

Au nom de l'évêque de Meaux l'admiration se réveille, et le proclame comme le plus digne et le plus formidable rival de l'archevêque de Cambrai. Orateur en écrivant l'histoire, le plus éloquent des hommes, Bossuet réunit dans un degré éminent les talents les plus rares. Mais il n'écrivit jamais uniquement pour écrire; et dans la riche collection de ses ouvrages, on n'en trouve aucun qu'il n'ait composé pour remplir un devoir de son ministère ou une obligation de sa place. Il avait appris tout ce qu'il est permis au même homme de savoir; et l'on aurait cru que, pensant à part, il inventait la langue dont il daignait se servir. Théologien profond, invincible dialecticien, il lutta contre toutes les erreurs religieuses de son siècle; et l'on vit succomber toutes ces nouvelles doctrines sous la toute-puissance de son génie. Il fixa pour toujours le droit public de l'Eglise gallicane. Il surpassa en sagacité comme en onction tous les commentateurs des livres sacrés et tous les auteurs ascétiques. Enfin il signala l'originalité de son talent dominateur par deux monuments historiques dans lesquels, se montrant toujours l'un des premiers évêques de l'Eglise, il s'éleva au-dessus de tous les historiens modernes : voilà Bossuet écrivain ! la postérité n'aperçoit autour de ce grand nom que des chefs-d'œuvre. Si nous considérons l'homme en lui, on ne peut nier que la majorité de nos contemporains, entraînés par ce noble sentiment du cœur humain qui dans tous les débats prend toujours le parti du plus faible contre la force et la puissance, ne lui impute encore un zèle trop ardent contre un émule, un ami, un disciple, un confrère dont l'évêque de Meaux lui-même n'aurait su trop honorer les talents, les vertus et les malheurs. Mais, si je venais louer un grand homme au détriment d'un grand homme, l'âme de Fénelon repousserait mon hommage : « Méfie-toi, me dirait-elle, d'une sensibilité qui t'égare. Ne t'ai-je » pas donné l'exemple de la modération ! Sois juste, sois même » généreux, en me louant de la seule manière digne de moi. Que

» crains-tu pour ma gloire? elle est en dépôt dans tous les cœurs
» vertueux ; et la victoire est si loin d'exciter mes regrets que ma
» défaite elle-même a forcé l'admiration de mon vainqueur. »

Ce grand Bossuet, que nous révérons aujourd'hui comme un
Père de l'Eglise, avait un tel ascendant sur son siècle, qu'il était
regardé par ses contemporains comme l'Eglise enseignante, et que
sa seule présence retraçait à Louis XIV, comme ce prince l'avouait
lui-même, *un concile œcuménique.* Les victoires qu'il avait remportées sur l'hérésie, la confiance religieuse du monarque, sa propre réputation, sa prééminence dans le clergé lui permettaient-
elles d'être spectateur indifférent d'une dispute de religion? Or
s'il était obligé de prendre un parti, le blâmerez-vous d'avoir
préféré la vérité à l'archevêque de Cambrai? ministre d'une religion qui ordonne *d'arracher l'œil qui scandalise,* il voit l'erreur
enseignée par le sentiment et le champ de la morale ravagé par
une fausse spiritualité : il fait d'abord les plus grands et les plus
vains efforts pour ramener Fénelon aux intérêts de sa propre
gloire, en réformant lui-même un très grand nombre de propo-
sitions dont l'auteur des *Maximes des saints* ne pouvait éluder la
censure. Après lui avoir opposé la plus insurmontable résistance,
l'archevêque de Cambrai lui témoigne une méfiance qui se refuse à
toute discussion : il ne veut plus avoir d'autre juge que son supérieur naturel, le pape, auquel il défère aussitôt son livre. Alors
Bossuet se lève, et de cette main triomphante qui avait renversé
tous les fondements du calvinisme, il disperse les derniers restes
du parti de Molinos.

Lisez les écrits de l'évêque de Meaux, vous verrez que ce n'est
point un vil délateur qui calomnie un sage, mais un juge compétent qui discute et démontre une foule d'erreurs, avec toute l'im-
posante domination qu'assurent dès longtemps dans le pugilat de la
controverse, à cet athlète de la foi, le sentiment de sa force et l'ascendant de la vérité ; vous verrez qu'il est impossible de parler
de Fénelon avec plus d'égards, avec plus de respect, j'ai presque
dit avec plus de tendresse ; vous verrez que l'archevêque de Cambrai avait soumis lui-même son ouvrage au tribunal du souverain
pontife, et qu'il avait soutenu hautement son orthodoxie contre
l'évêque de Meaux, avec lequel toute l'Eglise de France combattait
ces nouveaux systèmes. Mais si l'on veut absolument que Bossuet
ait encore besoin d'apologie au milieu d'un tel triomphe consacré
par l'Eglise universelle; et si l'on s'obstine à l'accuser d'avoir

3

franchi dans cette affligeante dispute les bornes de la modération,
eh bien ! je ne sais contester aucune espèce d'intérêt au malheur et
à la vertu. Mais sans pouvoir admettre jamais dans l'âme de Bossuet aucune supposition d'envie, dont je m'engage à discuter ailleurs l'invraisemblance, je me contenterai de gémir ici, en déplorant avec la douleur la plus profonde la triste fatalité des situations et des circonstances qui placent quelquefois, sur la ligne et
surtout dans la concurrence des devoirs, l'homme le plus modéré et
même le plus généreux entre deux excès dont il ne peut éviter l'un
sans se rapprocher de l'autre, avec un égal péril pour sa gloire, soit
qu'il reste hors de la lice quand la conscience ordonne d'y entrer,
soit qu'il passe le but quand elle ne lui permet que de l'atteindre. Un homme de génie irrité par les obstacles est emporté par
ses idées, par sa conviction, par son zèle, comme un autre le serait
par ses passions ; et après avoir conduit la vérité en triomphe, il
va, sans le vouloir, plus loin qu'elle ; tant il est difficile de s'arrêter avec sa cause !

L'affaire du quiétisme est donc portée à Rome. Le cardinal de
Bouillon, le héros et le martyr de l'amitié, mais aussi l'ennemi
caché de Bossuet, s'efforce, en dirigeant son crédit d'ambassa-
deur de France contre le vœu et les ordres de son roi, d'écarter
les foudres du Vatican de la tête de Fénelon ; et ce courage, qui
honore aujourd'hui son cœur, lui attire alors la plus sévère disgrâce à la cour de Louis XIV. L'auteur des *Maximes des saints*
sollicite vainement la permission d'aller se défendre lui-même
dans la capitale du monde chrétien ; mais du fond de sa retraite il
prépare à ses ennemis une réponse qui doit les terrasser. Que
Rome parle, Fénelon donnera un grand spectacle à son siècle ;
et il fera de son humiliation l'époque la plus glorieuse de sa vie.
J'entends la voix du souverain pontife. O vous tous, défenseurs
de la saine doctrine, dirai-je ici, adversaires ou persécuteurs
de l'archevêque de Cambrai, je ne vous reprocherai aucune ani-
mosité ; je vous rends grâces au contraire, je vous bénis, ô vous
tous qui avez sollicité ce décret avec tant d'ardeur. Suivez-moi au
moment où vous remportez enfin la victoire. Venez contempler
cet homme vertueux dans son abaissement auguste ; et décidez
vous-même de quel côté est ici le plus beau triomphe. O jour à
jamais mémorable, où Cambrai vit son archevêque percer dans
sa métropole les flots d'une multitude innombrable dont il était
adoré : monter en chaire, son livre d'une main, de l'autre son ju-

gement ; faire fondre en larmes toute l'assemblée au moment où
il lut d'une voix ferme sa propre condamnation ; s'y soumettant
sans restriction, sans réserve ; joignant son autorité à celle du
souverain pontife, pour dire anathème à son ouvrage ; et pronon-
çant à genoux une rétractation interrompue cent fois par les san-
glots de tout un peuple ! C'est ainsi que Fénelon se punit de la plus
excusable des erreurs, s'élève au-dessus de tous ses adversaires
par sa propre défaite, au-dessus en quelque sorte de la sentence
de son juge, dont il obtient les plus grands éloges, au-dessus de
Bossuet dont il enlève l'admiration, au-dessus de l'auteur du *Télémaque* lui-même, dont il éclipse la gloire.

Sublime enthousiasme ! immortel monument de cet empire sur
soi-même, qui n'est que la résignation d'une piété courageuse !
Il n'est donc pas vrai que les caractères doux ne soient capables
de sentir ni les grands mouvements du zèle, ni les élans héroïques de l'âme. Qu'est devenu en effet ce même Fénelon qui s'offre ici à ma vue comme un nouvel homme que la cour de
Louis XIV apprend à connaître enfin sous le poids d'une censure
qui, loin de le déprimer, l'élève au comble de la gloire ? Le voyez-
vous vaincu, ou plutôt vainqueur par sa seule conscience, déployer au même instant toute la force d'un grand caractère, toute
l'énergie de la foi, tout le courage de la vertu, toute la majesté
du génie soumis à la religion, tout l'héroïsme de l'humilité chrétienne, et s'exalter enfin autant qu'il semble s'abaisser ? Le voyez-
vous triompher de tout, de lui-même et de l'humanité peut-être,
en suivant les transports d'une âme noble et généreuse, à laquelle le ressentiment des dégoûts les plus amers ne fait point
méconnaître les droits de la justice et de la vérité ?

L'histoire de sa vie présente d'autres exemples de son courage
d'esprit, qui démontrent qu'une rétractation si éclatante, annon-
cée et promise dès l'origine de ces débats, fut un hommage rendu
à la vérité, plutôt qu'une démarche de politique. Cet homme si
doux, qu'on aurait pu croire faible, apprend que son palais et
sa bibliothèque viennent d'être consumés par un incendie ; et il
est si peu abattu par ce désastre qu'on n'ose pas l'en consoler,
parce qu'on ne l'en croit point averti. Ce même homme, qu'on
aurait pu croire faible, reçoit sans émotion, au milieu d'un cer-
cle nombreux, l'ordre du prince qui l'exile dans son diocèse ; et il
reprend la conversation avec un front si serein qu'on ne soup-
çonne pas sa disgrâce. Ce même homme enfin, qu'on aurait pu

croire faible, s'oppose au zèle factieux qui lui offre des apologies : il déclare publiquement qu'il n'a pas besoin de la plume d'autrui pour se défendre s'il a été mal compris, et qu'il ne veut que se rétracter s'il s'est trompé.

Tous les cœurs se déclarent pour cet illustre infortuné; que dis-je? ce n'est que dans sa patrie qu'il trouve encore des censeurs. Malgré l'admiration de l'Europe et la soumission de l'archevêque de Cambrai, le bandeau de la prévention reste encore sur les yeux du monarque; et, plusieurs années après les disputes sur le quiétisme, le Télémaque, ce même chef-d'œuvre qui devait être le manuel des souverains, est consigné aux frontières du royaume, où il ne peut entrer qu'en éludant les défenses. Mais les princes ont beau exercer leur ressentiment au gré de leurs flatteurs : un bon ouvrage est un mur d'airain contre lequel toute la puissance des rois va se briser, et un sage persécuté raconte les injustices qu'il a essuyées avec la fierté d'un général disgracié après ses triomphes, quand il montre ses blessures.

Je me représente quelquefois Fénelon pendant les dix-huit années de son exil, dans un de ces moments de vérité où l'âme isolée se replie sur elle-même et sonde toute la profondeur de ses infortunes. Il parcourt sa vie entière; et il voit ses vertus méconnues, ses talents devenus suspects, ses services oubliés : sa sensibilité lui rend personnels tous les désastres publics dont il est témoin. Le royaume est attaqué par les fléaux de la guerre et de la famine. Le génie de la victoire s'est éloigné de nos drapeaux avec les Turenne, les Condé, les Luxembourg, pour s'attacher pendant dix années consécutives aux armes des ennemis de la France; et loin de jouir d'une barbare et honteuse satisfaction, à ce spectacle des revers de son souverain, le vertueux Fénelon ne cesse de l'assister de ses conseils, de sa médiation, de son crédit; disons plus, de ses largesses. Qui pourrait peindre la tristesse amère de l'auteur du Télémaque, lorsqu'il vit la perte de Lille attribuée au duc de Bourgogne, ce prince méconnu par un peuple qu'il devait gouverner, forcé de répondre des opérations militaires dont il n'était pas l'arbitre, arrosant de ses pleurs les mains de Louis XIV toujours courroucé contre son instituteur, et en recevant pour toute réponse la défense de lui écrire et de lui parler; condamné à se taire devant un ami qui lui était si cher, et osant à peine le consoler en Flandre par un regard? L'ingrate patrie de Fénelon l'accuse publiquement d'avoir élevé dans de faux principes de gouvernement le jeune héritier de la couronne, trop tard connu et ensuite si amèrement regretté.

Ce grand écrivain est outragé dans une multitude de libelles, par cette espèce d'hommes qui dans tous les siècles subsistent de leurs bassesses, vils et impuissants détracteurs dont le nom ne souillera point ici ma plume. Il perd sa place, sa pension, l'accès du trône. Persécuté dans ses écrits, condamné à Rome, calomnié sur la sincérité de sa rétractation, accusé d'ingratitude par un roi trompé, il sait que toute correspondance avec lui est suspecte à Versailles. Tous ses parents sont privés de leurs emplois ; tous ses amis sont chassés de la cour. Fagon et Félix osent seuls le défendre. Leur zèle n'est point puni : voilà tout leur succès. Beauvilliers semble toucher au moment où il va expier, par une disgrâce éclatante, l'honorable fidélité qu'il lui conserve dans l'infortune. Beauvilliers ne partage point son exil ; mais il meurt sans l'avoir pu justifier. En est-ce assez? Non ; regardé comme un esprit dangereux pour avoir composé le Télémaque, comme un hérésiarque pour avoir été mystique, l'archevêque de Cambrai n'avait plus qu'un malheur à redouter ; je me trompe : il ne le redoutait pas, et il est déjà condamné à le déplorer. Il voit descendre au tombeau ce même duc de Bourgogne, son plus bel ouvrage, auquel il avait transmis toutes ses vertus. Il se survit alors à lui-même. De quel côté portera-t-il ses regards? Vers sa famille? elle est comme lui dans l'exil, elle y est pour lui. Vers son diocèse? il est ravagé par une armée ennemie. Vers la gloire? hélas! qu'eut-elle jamais de commun avec le bonheur? Vers la cour! ah! l'image de son élève précipité des marches les plus hautes du trône dans un cercueil, rouvrirait toutes ses plaies. Au milieu de ses affreuses perplexités un nouveau désastre vient fondre sur lui : son digne collègue, son fidèle soutien, le duc de Beauvilliers n'est plus ; et Fénelon ne trouve plus autour de lui aucun ancien ami dont le cœur entende le sien. C'est alors qu'entièrement détaché du monde et de la vie il exprime ses regrets par ces paroles si énergiques : *Tous mes liens sont rompus!* On épie sa douleur pour lui en faire un crime ; et il est obligé de cacher ses larmes, comme s'il eût caché des remords. Son âme triste et abattue n'aperçoit pas encore la justice des siècles qui s'avance pour le couronner. Il ne se repent point sans doute de ses ouvrages dont il est le martyr ; mais en opposant un courage intrépide aux coups du sort, il doit concevoir en secret, après tant de revers, que le génie, la réputation et la sensibilité qu'il réunit au degré le plus rare sont les plus redoutables épreuves auxquelles le repos de l'homme puisse être soumis par le ciel, durant le cours entier de sa vie.

Malgré tant de traverses il restait encore à Fénelon dans sa retraite un ami véritable, qui occupa toujours la première place dans son cœur ; un consolateur assidu, dans le sein duquel il oubliait ses malheurs et son siècle ; un bienfaiteur généreux, qui voyait avec complaisance toutes les vertus de cette âme pure et sublime ; le seul ami pour lequel, à force de tendresse, il avait pu s'égarer un moment et se livrer à des illusions qui empoisonnèrent le reste de ses jours ; l'unique appui que l'envie ne ravisse jamais à l'infortune : c'est de Dieu que je parle ! Dieu seul ne rejeta point les épanchements d'une si vertueuse sensibilité : Dieu seul le dédommagea de l'ingratitude de ses contemporains ; et il fallait que Fénelon, séparé ou privé des principaux objets de ses plus vives affections pendant les dix-huit dernières années de sa vie, voyant son cœur repoussé ou déchiré dans tous les sens, allât soulager aux pieds de l'Être suprême le besoin insatiable qu'il avait d'aimer et d'être aimé lui-même.

En effet, cet homme sensible qui se peint si bien par ce vœu touchant auquel toutes les belles âmes vont se rallier avec amour : *On serait tenté de désirer que tous les bons amis s'entendissent ensemble pour mourir le même jour. Ceux qui n'aiment rien voudraient enterrer tout le genre humain, les yeux secs et le cœur content ;* ILS NE SONT PAS DIGNES DE VIVRE. *Il en coûte beaucoup d'être sensible à l'amitié ; mais ceux qui ont cette sensibilité* AIMENT MIEUX SOUFFRIR QUE D'ÊTRE INSENSIBLES ; ce cœur si généreusement aimant voit périr autour de lui presque tous ses plus proches parents, et tous les hommes vertueux dans lesquels il avait concentré ses affections les plus intimes. Mais si ses infortunes l'ont privé des douceurs de l'amitié, il se dédommage de ses effusions délicieuses par un autre sentiment qui, sans avoir la même ardeur, n'a pas moins de charmes peut-être, je veux dire par les profusions journalières de la bienfaisance. Il est homme ; il est l'ami des hommes, et surtout des malheureux : il les soulage de près par ses bienfaits, il les console de loin par ses correspondances ; et il entretient des relations bien plus suivies avec les affligés qui lui exposent leurs peines qu'avec les courtisans dont il n'envie nullement le crédit. Quand on le voit montrer si ingénument son cœur dans ses lettres particulières que la reconnaissance a publiées, on croit entendre la sagesse donner des conseils à l'infortune ; et l'on se dit à soi-même avec le plus doux attendrissement : Si je tombe un jour dans la disgrâce, je réserve à ma solitude cet excellent livre qui sera mon dernier et mon meilleur ami.

Fidèle à cette belle maxime qui méritait de naître dans son cœur : *Je préfère mes amis à moi, ma patrie à mes amis, le genre humain à ma patrie*, l'archevêque de Cambrai n'ignore pas que les éloges qu'on donne à la vertu sont un engagement public de la pratiquer, et qu'on ne la loue dignement que par ses actions. Des impositions exorbitantes arrachent la subsistance aux habitants des campagnes ; et les curés du diocèse de Cambrai, dans l'indigence eux-mêmes, ne peuvent plus soulager la misère publique. Fénelon, qui regarde ces coopérateurs de son ministère comme les plus utiles citoyens de l'état, les décharge du fardeau du don gratuit, et les acquitte envers le prince. La caisse militaire de la garnison de Saint-Omer est épuisée : bientôt les troupes murmurent, parlent hautement de révolte dans cette ville frontière, et menacent, dans leur désespoir, d'aller offrir leurs services à l'ennemi ; Fénelon leur ouvre sa bourse, ses magasins de grains, vend tout ce qu'il a de plus précieux, et fixe les défenseurs de la patrie sous leurs drapeaux : il garde le secret le plus absolu sur un si noble sacrifice, que Louis XIV eut le bonheur ou le malheur d'ignorer toujours, et dont la France n'a été instruite qu'au bout d'un siècle par une lettre, jusqu'alors ignorée, du cardinal de Bouillon. Il fait de son palais un hôpital militaire, et lorsqu'il ne peut plus y recevoir tous les malades, il leur fournit à ses dépens d'autres asiles.

Mais si la patrie de Fénelon refuse à ses talents et à ses vertus l'hommage de l'admiration qui leur est due, il est une postérité anticipée que l'homme de génie trouve parmi ses contemporains, et dont l'univers répétera les jugements dans tous les siècles. Les peuples de chaque état prononcent sur un étranger avec autant d'impartialité que sur un ancien. Au milieu du choc des empires, dans ces moments affreux où l'ennemi use d'un droit barbare, et cherche à faire tout le mal qu'il craint pour lui-même, Eugène et Marlborough respectent dans le tumulte des armes le sage qu'ils envient à la France. La Flandre est dévastée ; mais le nom de Fénelon forme une barrière que l'avidité du soldat n'ose franchir. Tous ses domaines sont privilégiés ; et l'archevêque de Cambrai,

sortant de son palais pour intercéder en faveur de son peuple,
trouve l'Anglais à sa porte, veillant à la garde de ce sanctuaire
que le séjour d'un grand homme a consacré. Londres et La Haye
applaudissent à cet hommage qui dès lors n'est plus celui de
deux généraux, mais de deux nations réunies pour honorer l'auteur immortel du Télémaque, ou plutôt pour acquitter la dette du
genre humain. L'application historique se présente à tous les esprits ; et ce n'est point Fénelon que je flatte en admettant cette
comparaison dans son éloge : lorsqu'Alexandre ordonna la ruine
de Thèbes, il n'y laissa debout que la seule maison de Pindare.

Après avoir obtenu ce tribut solennel de vénération, il fallait
que l'archevêque de Cambrai terminât sa glorieuse carrière. Il
n'y avait que le règne du duc de Bourgogne qui pût renchérir
sur un si bel éloge ; et le duc de Bourgogne n'était plus.

Qu'ajouterais-je en effet à l'intérêt et à l'admiration qu'inspirent
tant de vertus, tant de revers, tant de talent et tant de gloire ? O
Fénelon ! Fénelon ! je voudrais honorer ma jeunesse en obtenant,
comme le plus digne prix du zèle dont je me sens enflammé pour
exciter de nouveau en ton honneur les acclamations du genre humain, quelques larmes des cœurs sensibles auxquels je viens de re-
tracer le tableau de ta belle vie. Lorsque mes cheveux, blanchis
par le travail ou par les années, m'annonceront que je touche au
terme de mes jours, je rassemblerai autour de moi la nouvelle
génération d'admirateurs que tes vertus et tes écrits t'auront at-
tirés sur la terre ; et je ranimerai ma voix éteinte qui célèbre aujourd'hui ton nom avec tant d'amour, pour dire à tous les Français transportés du même enthousiasme : Puisse naître parmi
vous un Télémaque ! Fénelon veille sur les marches du trône, et
n'attend qu'un disciple. Il n'est point d'homme de génie qui ne
s'honorât d'avoir composé ses ouvrages : il n'est point d'homme
vertueux qui ne désirât de l'avoir eu pour ami.

DIALOGUES

SUR L'ÉLOQUENCE.

———◦⬦◦———

DIALOGUE PREMIER.

LES PERSONNES A. B. C.

A. Hé bien, Monsieur, vous venez donc d'entendre le sermon où vous vouliez me mener tantôt?

B. Vous avez bien perdu, Monsieur, de n'y être pas : j'ai arrêté une place pour ne manquer aucun sermon du Carême : c'est un homme admirable : si vous l'aviez une fois entendu, il vous dégoûterait de tous les autres.

A. Je me garderai donc bien de l'aller entendre, car je ne veux point qu'un prédicateur me dégoûte des autres ; au contraire, je cherche un homme qui me donne un tel goût et une telle estime pour la parole de Dieu, que j'en sois disposé à l'écuter partout ailleurs. Mais puisque j'ai tant perdu, et que vous êtes plein de ce beau sermon, vous pouvez, Monsieur, me dédommager : de grâce, dites-nous quelque chose de ce que vous avez retenu.

B. Je défigurerais ce sermon par mon récit; ce sont cent beautés qui échappent : il faudrait être le prédicateur même pour vous dire....

A. Mais encore? son dessein, ses preuves, sa morale, les principales vérités qui ont fait le corps de son discours? Ne vous reste-t-il rien dans l'esprit? est-ce que vous n'étiez pas attentif?

B. Pardonnez-moi, jamais je ne l'ai été davantage.

C. Quoi donc, vous voulez vous faire prier?

B. Non, mais c'est que ce sont des pensées si délicates, et

qui dépendent tellement du tour et de la finesse de l'expression, qu'après avoir charmé dans le moment, elles ne se retrouvent pas aisément dans la suite ; quand même vous les retrouveriez, dites-les dans d'autres termes, ce n'est plus la même chose, elles perdent leur grâce et leur force.

A. Ce sont donc, Monsieur, des beautés bien fragiles, en les voulant toucher on les fait disparaître ; j'aimerais bien mieux un discours qui eût plus de corps et moins d'esprit ; il ferait une impression, on retiendrait mieux les choses. Pourquoi parle-t-on, sinon pour persuader, pour instruire, et pour faire en sorte que l'auditeur retienne ?

C. Vous voilà, Monsieur, engagé à parler.

B. Hé bien, disons donc ce que j'ai retenu. Voici le texte : *Cinerem tanquam panem manducabam*, « je mangeais la cendre comme mon pain. » Peut-on trouver un texte plus ingénieux pour le jour des Cendres ? Il a montré que, selon ce passage, la cendre doit être aujourd'hui la nourriture de nos âmes ; puis il a enchâssé dans son avant-propos, le plus agréablement du monde, l'histoire d'Artemise sur les cendres de son époux ; sa chute à son *Ave Maria* a été pleine d'art ; sa division était heureuse : vous en jugerez. Cette cendre, dit-il, quoiqu'elle soit un signe de pénitence, est un principe de félicité ; quoiqu'elle semble nous humilier, elle est une source de gloire ; quoiqu'elle représente la mort, elle est un remède qui donne l'immortalité. Il a repris cette division en plusieurs manières, et chaque fois il donnait un nouveau lustre à ses antithèses ; le reste du discours n'était ni moins poli ni moins brillant ; la diction était pure, les pensées nouvelles, les périodes nombreuses ; chacune finissait par quelque trait surprenant. Il nous a fait des peintures morales où chacun se trouvait ; il a fait une analyse des passions du cœur humain, qui égale les Maximes de M. de la Rochefoucauld. Enfin, selon moi, c'était un ouvrage achevé. Mais vous, Monsieur, qu'en pensez-vous ?

A. Je crains de vous parler sur ce sermon, et de vous ôter l'estime que vous en avez. On doit respecter la parole de Dieu, profiter de toutes les vérités qu'un prédicateur a expliquées, et éviter l'esprit de critique, de peur d'affaiblir l'autorité du ministère.

B. Non, Monsieur, ne craignez rien : ce n'est point par curiosité que je vous questionne ; j'ai besoin d'avoir là-dessus de bonnes idées. je veux m'instruire solidement, non-seulement pour mes besoins, mais encore pour ceux d'autrui, car ma profession m'engage à prêcher ; parlez-moi donc sans réserve, et ne craignez ni de me contredire ni de me scandaliser.

A. Vous le voulez, il faut vous obéir. Sur votre rapport même, je conclus que c'était un méchant sermon.

B. Comment cela !

A. Vous l'allez voir. Un sermon où les applications de l'Ecriture sont fausses, où une histoire profane est rapportée d'une manière froide et puérile, où l'on voit régner partout une vaine affectation de bel esprit, est-il bon ?

B. Non, sans doute : mais le sermon que je vous rapporte ne me semble point de ce caractère.

A. Attendez, vous conviendrez de ce que je dis. Quand le prédicateur a choisi pour texte ces paroles : *Je mangeais la cendre comme mon pain*, devait-il se contenter de trouver un rapport de mots entre ce texte et la cérémonie d'aujourd'hui ? Ne devait-il pas commencer par entreprendre le vrai sens de son texte avant que de l'appliquer au sujet ?

B. Oui, sans doute.

A. Ne fallait-il donc pas reprendre les choses de plus haut, et tâcher d'entrer dans toute la suite du Psaume ? N'était-il pas juste d'examiner si l'interprétation dont il s'agissait était contraire au sens véritable, avant que de la donner au peuple comme la parole de Dieu ?

B. Cela est vrai : mais en quoi peut-elle être contraire ?

A. David, ou quel que soit l'auteur du Psaume 101, parle de ses malheurs en cet endroit. Il dit que ses ennemis lui insultaient cruellement, le voyant dans la poussière, abattu à leurs pieds, réduit (c'est ici une expression poétique) à se nourrir d'un pain de cendres et d'une eau mêlée de larmes (1). Quel rapport des plaintes de David renversé de son trône, et persécuté par son fils Absalon, avec l'humiliation d'un chrétien qui met des cendres sur le front pour penser à la mort, et pour se détacher des plaisirs du monde ?

N'y avait-il point d'autre texte à prendre dans l'Ecriture ? Jésus-Christ, les Apôtres, les Prophètes, n'ont-ils jamais parlé de la mort et de la cendre du tombeau, à laquelle Dieu réduit notre

_____

(1) *Tota die exprobrabant mihi inimici mei : et qui laudabant me, adversum me jurabant.*

Quia cinerem tanquam panem manducabam, et potum meum cum fletu miscebam. v. 9 et 10.

vanité ? Les Ecritures ne sont-elles pas pleines de mille figures touchantes sur cette vérité ? Les paroles même de la Genèse (1), si propres, si naturelles à cette cérémonie, et choisies par l'Eglise même, ne seront-elles donc pas dignes du choix d'un prédicateur ? Appréhendera-t-il, par une fausse délicatesse, de redire souvent un texte que le Saint-Esprit et l'Eglise ont voulu répéter sans cesse tous les ans ? Pourquoi donc laisser cet endroit et tant d'autres de l'Ecriture qui conviennent, pour en chercher un qui ne convient pas ? C'est un goût dépravé, une passion aveugle de dire quelque chose de nouveau.

B. Vous vous échauffez trop, Monsieur : il est vrai que ce texte n'est point conforme au sens littéral.

C. Pour moi, je veux savoir si les choses sont vraies avant que de les trouver belles. Mais le reste ?

A. Le reste du sermon est du même génie que le texte. Ne le voyez-vous pas, Monsieur ? A quel propos faire l'agréable dans un sujet si effrayant, et amuser l'auditeur par le récit profane de la douleur d'Artemise, lorsqu'il faudrait tonner et ne donner que des images terribles de la mort ?

B. Je vous entends, vous n'aimez pas les traits d'esprit ; mais, sans cet agrément, que deviendrait l'Eloquence ? Voulez-vous réduire tous les prédicateurs à la simplicité des missionnaires ? Il en faut pour le peuple : mais les honnêtes gens ont les oreilles plus délicates, et il est nécessaire de s'accommoder à leur goût (2).

A. Vous me menez ailleurs ; je voulais achever de vous montrer combien ce sermon est mal conçu, il ne me restait qu'à parler de la division : mais je crois que vous comprenez assez vous-même ce qui me l'a fait désapprouver. C'est un homme qui donne trois points pour sujet de tout son discours ; quand on divise, il faut diviser simplement, naturellement ; il faut que ce soit une division qui se trouve toute faite dans le sujet même ; une division qui éclaircisse, qui range les matières, qui se retienne aisément, et qui aide à retenir tout le reste ; enfin une division qui fasse voir la grandeur du sujet et de ses parties. Tout au contraire, vous voyez ici un homme qui entreprend d'abord de vous éblouir, qui

---

(1) *Quia pulvis es, et in pulverem reverteris.* GEN. III, 19.

(2) On voit que ce que Fénelon s'efforçait d'empêcher, c'était le mauvais goût qui prévalait alors dans la chaire chrétienne. Sa piété s'alarmait, elle ne pouvait souffrir le travestissement que subissait trop souvent la sainte parole de Dieu.   *(Note des Editeurs.)*

vous débite trois épigrammes, ou trois énigmes, qui les tourne et
retourne avec subtilité : vous croyez voir des tours de passe-passe.
Est-ce là un air sérieux et grave, à vous faire espérer quelque
chose d'utile et d'importance ? Mais revenons à ce que vous disiez ;
vous demandez si je veux donc bannir l'Eloquence de la chaire ?

B. Oui, il me semble que vous allez là.

A. Ha ! voyons, qu'est-ce que l'Eloquence ?

B. C'est l'art de bien parler.

A. Cet art n'a-t-il point d'autre but que celui de bien parler ?
Les hommes en parlant n'ont-ils point quelque dessein ? Parle-t-
on pour parler ?

B. Non, on parle pour plaire et pour persuader.

A. Distinguons, s'il vous plaît, Monsieur, soigneusement ces
deux choses ; on parle pour persuader, cela est constant ; on parle
aussi pour plaire, cela n'arrive que trop souvent ; mais quand on
tâche de plaire, on a un autre but plus éloigné, qui est néanmoins
le principal. L'homme de bien ne cherche à plaire que pour inspirer la justice et les autres vertus en les rendant aimables ; celui
qui cherche son intérêt, sa réputation, sa fortune, ne songe à
plaire que pour gagner l'inclination et l'estime des gens qui peuvent contenter son avarice ou son ambition ; ainsi cela même se
réduit encore à une manière de persuasion que l'Orateur cherche ; il veut plaire pour flatter, et il flatte pour persuader ce qui
convient à son intérêt.

B. Enfin vous ne pouvez disconvenir que les hommes ne parlent souvent pour plaire. Les orateurs païens ont eu ce but ; il est
aisé de voir dans les discours de Cicéron qu'il travaillait pour sa
réputation : qui ne croira la même chose d'Isocrate et de Démosthène ?

Tous les anciens panégyristes songeaient moins à faire admirer
leurs héros qu'à se faire admirer eux-mêmes ; ils ne cherchaient
la gloire d'un prince qu'à cause de celle qui leur en devait revenir à eux-mêmes pour l'avoir bien loué. De tout temps cette ambition a semblé permise chez les Grecs et chez les Romains : par
cette émulation, l'Eloquence se perfectionnait, les esprits s'éle-
vaient à de hautes pensées et à de grands sentiments ; par là on
voyait fleurir les anciennes républiques ; le spectacle qui donnait
l Eloquence, et le pouvoir qu'elle avait sur les peuples, la rendit
admirable, et a poli merveilleusement les esprits : je ne vois pas
pourquoi on blâmerait cette émulation, même dans les orateurs

chrétiens, pourvu qu'il ne parût dans leurs discours aucune affectation indécente, et qu'ils n'affaiblissent en rien la morale évangélique. Il ne faut point blâmer une chose qui anime les jeunes gens, et qui forme les grands prédicateurs. ·

A. Voilà bien des choses, Monsieur, que vous mettez ensemble; démêlons-les, s'il vous plaît, et voyons avec ordre ce qu'il en faut conclure. Surtout évitons l'esprit de dispute, examinons cette matière paisiblement, en gens qui ne craignent que l'erreur; et mettons tout l'honneur à nous dédire dès que nous apercevrons que nous nous serons trompés.

B. Je suis dans cette disposition, ou du moins je crois y être, et vous me ferez plaisir de m'avertir si vous voyez que je m'écarte de cette règle.

A. Ne parlons point d'abord des prédicateurs, ils viendront en leur temps; commençons par les orateurs profanes, dont vous avez cité ici l'exemple. Vous avez mis Démosthène avec Isocrate : en cela vous avez fait tort au premier; le second est un froid orateur qui n'a songé qu'à polir ses pensées et qu'à donner de l'harmonie à ses paroles; il n'a eu qu'une idée basse de l'Eloquence et il l'a presque toute mise dans l'arrangement des mots; un homme qui a employé, selon les uns, dix ans, et selon les autres, quinze, à ajuster les périodes de son *Panégyrique*, qui est un discours sur les besoins de la Grèce, était d'un secours bien faible et bien lent pour la République contre les entreprises du roi de Perse. Démosthène parlait bien autrement contre Philippe. Vous pouvez voir la comparaison que Denys d'Halicarnasse fait de ces deux orateurs, et les défauts essentiels qu'il remarque dans Isocrate. On ne voit dans celui-ci que des discours fleuris et efféminés, que des périodes faites avec un travail infini pour amuser l'oreille, pendant que Démosthène émeut, échauffe et entraîne les cœurs; il est trop vivement touché des intérêts de sa patrie pour s'amuser à tous les jeux d'esprit d'Isocrate; c'est un raisonnement serré et pressant, ce sont des sentiments généreux d'une âme qui ne conçoit rien que de grand, c'est un discours qui croît et qui se fortifie à chaque parole par des raisons nouvelles, c'est un enchaînement de figures hardies et touchantes : vous ne sauriez le lire sans voir qu'il porte la République dans son cœur; c'est la nature qui parle elle-même dans ses transports; l'art y est si achevé, qu'il n'y paraît point : rien n'égala jamais sa rapidité et sa véhémence. N'avez-vous pas vu ce qu'en dit Longin dans son Traité du Sublime?

B. Non ; n'est-ce pas ce traité que M. Boileau a traduit ? est-il beau ?

A. Je ne crains pas de dire qu'il surpasse à mon gré la Réthorique d'Aristote ; cette Réthorique, quoique très belle, a beaucoup de préceptes secs et plus curieux qu'utiles dans la pratique ; ainsi elle sert bien plus à faire remarquer les règles de l'art à ceux qui sont déjà éloquents, qu'à inspirer l'éloquence et à former de vrais orateurs : mais le Sublime de Longin joint aux préceptes beaucoup d'exemples qui les rendent sensibles. Cet auteur traite le Sublime d'une manière sublime, comme le Traducteur l'a remarqué ; il échauffe l'imagination, il élève l'esprit du lecteur, il lui forme le goût, et lui apprend à distinguer judicieusement le bien et le mal dans les orateurs célèbres de l'antiquité.

B. Quoi, Longin si admirable ! Hé ! ne vivait-il pas du temps de l'empereur Aurélien et de Zénobie ?

A. Oui : vous savez leur histoire.

B. Ce siècle n'était-il pas bien éloigné de la politesse des précédents ? Quoi, vous voudriez qu'un auteur de ce temps-là eût le goût meilleur qu'Isocrate ? En vérité, je ne puis le croire.

A. J'en ai été surpris moi-même ; mais vous n'avez qu'à le lire ; quoiqu'il fût d'un siècle fort gâté, il s'était formé sur les anciens, et il ne tient presque rien des défauts de son temps ; je dis presque rien, car il faut avouer qu'il s'applique plus à l'admirable qu'à l'utile, et qu'il ne rapporte guère l'Eloquence à la morale ; en cela il paraît n'avoir pas les vues solides qu'avaient les anciens Grecs, surtout les philosophes : encore même faut-il lui pardonner un défaut dans lequel Isocrate, qui est d'un meilleur siècle, lui est beaucoup inférieur ; surtout ce défaut est excusable dans un traité particulier où il parle, non de ce qui instruit les hommes, mais de ce qui les frappe et qui les saisit. Je vous parle de cet auteur, parce qu'il vous servira beaucoup à comprendre ce que je veux dire ; vous y verrez le portrait admirable qu'il fait de Démosthène, dont il rapporte des endroit très sublimes ; et vous y trouverez aussi ce que je vous ai dit des défauts d'Isocrate. Vous ne sauriez mieux faire pour connaître ces deux auteurs, si vous ne voulez pas prendre la peine de les connaître par eux-mêmes en lisant leurs ouvrages ; laissons donc Isocrate, et revenons à Démosthène et à Cicéron.

B. Vous laissez Isocrate, parce qu'il ne vous convient pas.

A. Parlons donc encore d'Isocrate, puisque vous n'êtes pas persuadé : jugeons de son éloquence par les règles de l'Eloquence même, et par le sentiment du plus éloquent écrivain de l'antiquité, c'est Platon : l'en croirez-vous, Monsieur ?

B. Je le croirai s'il a raison, je ne jure sur la parole d'aucun maître.

A. Souvenez-vous de cette règle, c'est ce que je demande : pourvu que vous ne vous laissiez point dominer par certains préjugés de notre temps, la raison vous persuadera bientôt ; n'en croyez donc ni Isocrate ni Platon, mais jugez de l'un et de l'autre par des principes clairs. Vous ne sauriez disconvenir que le but de l'Eloquence ne soit de persuader la vérité et la vertu.

B. Je n'en conviens pas ; c'est ce que je vous ai déjà nié.

A. C'est donc ce que je vais vous prouver. L'Eloquence, si je ne me trompe, peut être prise en trois manières : comme l'art de persuader la vérité, et de rendre les hommes meilleurs ; comme un art indifférent dont les méchants se peuvent servir aussi bien que les bons, et qui peut persuader l'erreur, l'injustice, autant que la justice et la vérité ; enfin, comme un art qui peut servir aux hommes intéressés, à plaire, à s'acquérir de la réputation et à faire fortune. Admettez une de ces trois manières.

B. Je les admets toutes, qu'en conclurez-vous ?

A. Attendez, la suite vous le montrera ; contentez-vous pourvu que je ne vous dise rien que de clair, et que je vous mène à mon but. De ces trois manières d'éloquence, vous approuverez sans doute la première.

B. Oui, c'est la meilleure.

A. Et la seconde, qu'en pensez-vous ?

B. Je vous vois venir, vous voulez faire un sophisme. La seconde est blâmable par le mauvais usage que l'Orateur y fait de l'Eloquence, pour persuader l'injustice et l'erreur ; l'éloquence d'un méchant homme est bonne en elle-même ; mais la fin à laquelle il la rapporte est pernicieuse. Or, nous devons parler des règles de l'Eloquence, et non de l'usage qu'il en faut faire ; ne quittons point, s'il vous plaît, ce qui fait notre véritable question.

A. Vous verrez que je ne m'en écarte pas si vous voulez bien me continuer la grâce de m'écouter. Vous blâmez donc la seconde manière, et pour ôter toute équivoque, vous blâmez ce second usage de l'Eloquence.

B. Bon, vous parlez juste ; nous voilà pleinement d'accord.

A. Et le troisième usage de l'Eloquence, qui est de chercher à plaire par des paroles, pour se faire par là une réputation et une fortune, qu'en dites-vous?

B. Vous savez déjà mon sentiment, je n'en ai point changé ; cet usage de l'Eloquence me paraît honnête, il excite l'émulation et perfectionne les esprits.

A. En quel genre doit-on tâcher de perfectionner les esprits? Si vous aviez à former un Etat ou une République, en quoi voudriez-vous y perfectionner les esprits ?

B. En tout ce qui pourrait les rendre meilleurs. Je voudrais faire de bons citoyens, pleins de zèle pour le bien public : je voudrais qu'ils sussent en guerre défendre la patrie, en paix faire observer les lois, gouverner leurs maisons, cultiver leurs terres, élever leurs enfants à la vertu, leur inspirer la religion, s'occuper au commerce selon les besoins du pays, et s'appliquer aux sciences utiles à la vie. Voilà, ce me semble, le but d'un Législateur.

A. Vos vues sont très justes et très solides ; vous voudriez donc des citoyens ennemis de l'oisiveté, occupés à des choses très sérieuses, et qui tendissent toujours au bien public?

B. Oui, sans doute.

A. Et vous retrancheriez tout le reste?

B. Je le retrancherais.

A. Vous n'admettriez les exercices du corps que pour la santé et la force. Je ne parle point de la beauté du corps, parce qu'elle est une suite naturelle de la santé et de la force, pour les corps qui sont bien formés.

B. Je n'admettrais que ces exercices-là.

A. Vous retrancheriez donc tous ceux qui ne serviraient qu'à amuser, et qui ne mettraient point l'homme en état de mieux supporter les travaux réglés de la paix et les fatigues de la guerre?

B. Oui : je suivrais cette règle.

A. C'est sans doute par le même principe que vous retrancheriez aussi (car vous me l'avez dit) tous les exercices de l'esprit qui ne serviraient point à rendre l'âme saine, forte, belle, en la rendant vertueuse?

B. J'en conviens : que s'ensuit-il de là? Je ne vois pas encore où vous voulez aller, vos détours sont longs.

A. C'est que je veux chercher les principes, et ne laisser derrière moi rien de douteux. Répondez, s'il vous plaît.

B. J'avoue qu'on doit, à plus forte raison, suivre cette règle pour l'âme, l'ayant établie pour le corps.

A. Toutes les sciences et tous les arts qui ne vont qu'au plaisir, à l'amusement et à la curiosité, les souffririez-vous? Ceux qui n'appartiendraient ni aux devoirs de la vie domestique, ni aux devoirs de la vie civile, que deviendraient-ils?

B. Je les bannirais de ma République.

A. Si donc vous souffriez les mathématiciens, ce serait à cause des mécaniques, de la navigation, de l'arpentage des terres, des supputations qu'il faut faire, des fortifications des places, etc. Voilà leur usage, qui les autoriserait. Si vous admettiez les médecins, les jurisconsultes, ce serait pour la conservation de la santé et de la justice. Il en serait de même des autres professions dont nous sentons le besoin. Mais pour les musiciens, que feriez-vous? Ne seriez-vous pas de l'avis de ces anciens Grecs qui ne séparaient jamais l'utile de l'agréable? Eux qui avaient poussé la Musique et la Poésie jointes ensemble à une si haute perfection, ils voulaient qu'elles servissent à élever les courages, à inspirer de grands sentiments. C'était par la musique et par la poésie qu'ils se préparaient aux combats; ils allaient à la guerre avec des musiciens et des instruments. De là encore les trompettes et les tambours, qui les jetaient dans un enthousiasme et dans une espèce de fureur qu'ils appelaient divine. C'était par la Musique et par la cadence des vers qu'ils adoucissaient les peuples féroces. C'était par cette harmonie qu'ils faisaient entrer, avec le plaisir, la sagesse dans le fond des cœurs des enfants : on leur faisait chanter les vers d'Homère pour leur inspirer agréablement le mépris de la mort, des richesses, et des plaisirs qui amollissent l'âme; l'amour de la gloire, de la liberté et de la patrie Leurs danses mêmes avaient un but sérieux à leur mode, et il est certain qu'ils ne dansaient pas pour le seul plaisir. Nous voyons, par l'exemple de David, que les peuples orientaux regardaient la danse comme un art sérieux, semblable à la Musique et à la Poésie. Mille instructions étaient mêlées dans leurs fables et dans leurs poèmes; ainsi la Philosophie la plus grave et la plus austère ne se montrait qu'avec un visage riant. Cela paraît encore par les danses mystérieuses des prêtres, que les païens avaient mêlées dans leurs cérémonies pour les fêtes des dieux. Tous ces arts qui consistent ou dans les sons mélodieux, ou dans les mouvements du corps, ou dans les paroles, en un mot, la Musique, la Danse, l'Eloquence, la Poésie, ne furent inventées que pour exprimer les passions, et pour les inspirer en les exprimant. Par là on voulut imprimer de

grands sentiments dans l'âme des hommes et leur faire des peintures vives et touchantes de la beauté de la vertu et de la diffor-
mité du vice. Ainsi tous ces arts, sous l'apparence du plaisir,
entraient dans les desseins les plus sérieux des anciens pour la
morale et pour la religion. La chasse même était l'apprentissage
pour la guerre. Tous les plaisirs les plus touchants renfermaient
quelque leçon de vertu. De cette source vinrent dans la Grèce
tant de vertus héroïques, admirées de tous les siècles. Cette
première instruction fut altérée, il est vrai, et elle avait en
elle-même d'extrêmes défauts. Son défaut essentiel était d'être
fondée sur une religion fausse et pernicieuse : en cela les Grecs
se trompaient, comme tous les sages du monde, plongés alors dans
l'idolâtrie ; mais s'ils se trompaient pour le fond de la religion
et pour le choix des maximes, ils ne se trompaient pas pour la
manière d'inspirer la religion et la vertu ; tout y était sensible,
agréable, propre à faire une vive impression.

C. Vous disiez tout-à-l'heure que cette première instruction fut
altérée ; n'oubliez pas, s'il vous plaît, de nous l'expliquer.

A. Oui, elle fut altérée. La vertu donne la véritable politesse ;
mais bientôt, si on n'y prend garde, la politesse amollit peu à peu.
Les Grecs Asiatiques furent les premiers à se corrompre. Les
Ioniens devinrent efféminés ; toute cette côte d'Asie fut un théâtre
de volupté. La Crète, malgré les sages lois de Minos, se corrom-
pit de même : vous savez les vers que cite saint Paul. Corinthe fut
fameuse par son luxe et par ses dissolutions. Les Romains, encore
grossiers, commencèrent à trouver de quoi amollir leur vertu rus-
tique. Athènes ne fut pas exempte de cette contagion ; toute la
Grèce en fut infectée. Le plaisir, qui ne devait être que le moyen
d'insinuer la sagesse, prit la place de la sagesse même. Les Philosophes réclamèrent. Socrate s'éleva, et montra à ses citoyens éga-
rés que le plaisir, dans lequel ils s'arrêtaient, ne devait être que
le chemin de la vertu. Platon, son disciple, qui n'a pas eu honte
de composer ses écrits des discours de son maître, retranche de sa
République tous les tons de la musique, tous les mouvements de
la tragédie, tous les récits des poëmes, et les endroits d'Homère
même, qui ne vont pas à inspirer l'amour des bonnes lois. Voilà
le jugement que firent Socrate et Platon sur les poètes et sur les
musiciens : n'êtes-vous pas de leur avis ?

B. J'entre tout-à-fait dans leur sentiment ; il ne faut rien d'inutile. Puisqu'on peut mettre le plaisir dans les choses solides,

il ne le faut point chercher ailleurs. Si quelque chose peut fa
liter la vertu, c'est de la mettre d'accord avec le plaisir : au cc
traire, quand on les sépare, on tente violemment les hommes d
bandonner la vertu ; d'ailleurs tout ce qui plaît sans instrui
amuse et amollit. Hé bien ! ne trouvez-vous pas que je suis deve
philosophe en vous écoutant ? Mais allons jusqu'au bout ; car no
ne sommes pas encore d'accord.

A. Nous le serons bientôt, Monsieur, puisque vous êtes si phi
sophe ; permettez-moi de vous faire encore une question. Voilà
musiciens et les poètes assujétis à n'inspirer que la vertu ; vo
les citoyens de votre République exclus des spectacles où le pl;
sir serait sans instruction : mais que ferez-vous des devins ?

B. Ce sont des imposteurs, il faut les chasser.

A. Mais ils ne font point de mal. Vous croyez bien qu'ils ne sc
pas sorciers ; ainsi ce n'est pas l'art diabolique que vous craign
en eux.

B. Non, je n'ai garde de le craindre, car je n'ajoute aucu
foi à tous leurs contes ; mais ils font un assez grand mal d'amuser
public. Je ne souffre point dans ma République des gens ois
qui amusent les autres, et qui n'aient point d'autre métier q
celui de parler.

A. Mais ils gagnent leur vie par là ; ils amassent de l'arge
pour eux et pour leurs familles.

B. N'importe ; qu'ils prennent d'autres métiers pour vivre ; no
seulement il faut gagner sa vie, mais il la faut gagner par d
occupations utiles au public. Je dis la même chose de tous c
misérables qui amusent les passants par leurs discours et par leu
chansons : quand ils ne mentiraient jamais, quand ils ne diraie
rien de déshonnête, il faudrait les chasser ; l'inutilité seule suf
pour les rendre coupables : la police devrait les assujétir à prei
dre quelque métier réglé.

A. Mais ceux qui représentent des tragédies, les souffririez-vou;
Je suppose qu'il n'y ait ni amour profane ni immodestie mêl(
dans ces tragédies : de plus, je ne parle pas ici en chrétien ; répor
dez-moi seulement en législateur et en philosophe.

B. Si ces tragédies n'ont pas pour but d'instruire en donnant d
plaisir, je les condamnerais.

A. Bon ; en cela vous êtes précisément de l'avis de Platon, qu
veut qu'on ne laisse point introduire dans sa République de
poèm. s et des tragédies qui n'auront pas été examinés par le

gardes des lois, afin que le peuple ne voie et n'entende jamais rien qui ne serve à autoriser les lois et à inspirer la vertu. En cela vous suivez l'esprit des auteurs anciens, qui voulaient que la tragédie roulât sur deux passions : savoir la terreur que doivent donner les suites funestes du vice, et la compassion qu'inspire la vertu persécutée et patiente. C'est l'idée qu'Euripide et Sophocle ont exécutée.

B. Vous me faites souvenir que j'ai lu cette dernière règle dans l'Art Poétique de M. Boileau.

A. Vous avez raison : c'est un homme qui connaît bien, non-seulement le fond de la Poésie, mais encore le but solide auquel la Philosophie, supérieure à tous les arts, doit conduire le Poète.

B. Mais enfin, où me menez-vous donc?

A. Je ne vous mène plus ; vous allez tout seul : vous voilà arrivé heureusement au terme. Ne m'avez-vous pas dit que vous ne souffrez point dans votre République des gens oisifs, qui amusent les autres, et qui n'ont point d'autre métier que celui de parler? N'est-ce pas sur ce principe que vous chassez tous ceux qui représentent des tragédies, si l'instruction n'est mêlée au plaisir? Sera-t-il permis de faire en prose ce qui ne le sera pas en vers? Après cette sévérité, comment pourriez-vous faire grâce aux déclamateurs, qui ne parlent que pour montrer leur bel esprit?

B. Mais les déclamateurs dont nous parlons ont deux desseins qui sont louables.

A. Expliquez-les.

B. Le premier est de travailler pour eux-mêmes ; par là ils se procurent des établissements honnêtes. L'éloquence produit la réputation, et la réputation attire la fortune dont ils ont besoin.

A. Vous avez déjà répondu vous-même à votre objection. Ne disiez-vous pas qu'il faut non-seulement gagner sa vie, mais la gagner par des occupations utiles au public? Celui qui représenterait des tragédies sans y mêler l'instruction gagnerait sa vie ; cette raison ne vous empêcherait pourtant pas de le chasser de votre République. Prenez, lui diriez-vous, un métier solide et réglé ; n'amusez pas les citoyens. Si vous voulez tirer d'eux un profit légitime, travaillez à quelque bien effectif ou à les rendre vertueux. Pourquoi ne diriez-vous pas la même chose de l'Orateur?

B. Nous voilà d'accord : la seconde raison que je voulais vous dire explique tout cela.

A. Comment? dites-nous la donc, s'il vous plaît.

B. C'est que l'Orateur travaille même pour le public.

A. En quoi?

B. Il polit les esprits, il leur enseigne l'Eloquence.

A. Attendez. Si j'inventais un art chimérique, ou une langue imaginaire, dont on ne pût tirer aucun avantage, servirais-je le public en lui enseignant cet art ou cette langue?

B. Non, parce qu'on ne sert les autres qu'autant qu'on leur enseigne quelque chose d'utile.

A. Vous ne sauriez donc prouver solidement qu'un orateur sert le public en lui enseignant l'Eloquence, si vous n'aviez déjà prouvé que l'Eloquence sert elle-même à quelque chose. A quoi servent les beaux discours d'un homme, si ces discours, tout beaux qu'ils sont, ne font aucun bien au public? Les paroles, comme dit saint Augustin, sont faites pour les hommes, et non pas les hommes pour les paroles (1). Les discours servent, je le sais bien, à celui qui les fait; car ils éblouissent les auditeurs, et on est d'assez mauvais goût pour le récompenser de ses paroles inutiles. Mais cette éloquence mercenaire et infructueuse au public doit-elle être soufferte dans l'Etat que vous policez? Un cordonnier au moins fait des souliers, et ne nourrit sa famille que d'un argent gagné en servant le public pour de véritables besoins: ainsi, vous le voyez, les plus vils métiers ont une fin solide, et il n'y aura que l'art des orateurs qui n'aura pour but que d'amuser les hommes par des paroles. Tout aboutira donc, d'un côté, à satisfaire la curiosité et à entretenir l'oisiveté de l'auditeur; de l'autre, à contenter la vanité et l'ambition de celui qui parle. Pour l'honneur de votre République, Monsieur, ne souffrez jamais cet abus.

B. Hé bien! je reconnais que l'orateur doit avoir pour but d'instruire, et de rendre les hommes meilleurs.

A. Souvenez-vous bien de ce que vous m'accordez là; vous en verrez les conséquences.

B. Mais cela n'empêche pas qu'un homme, s'appliquant à instruire les autres, ne puisse être bien aise en même temps d'acquérir de la réputation et du bien.

A. Nous ne parlons point encore ici comme chrétiens; je n'ai

(1) « Quid prodest locutionis integritas, quam non sequitur intellectus audientis, quum loquendi omnino nulla sit causa, si quod loquimur non intelligunt propter quos ut intelligant loquimur? » *De Doctr. christ.* IV, x, 24. « Nec doctor verbis serviat, sed verba doctori. » *Ibid.* XXVIII, 61.

besoin que de la philosophie seule contre vous. Les orateurs, je
le répète, sont donc, selon vous, des gens qui doivent instruire
les autres hommes, et les rendre meilleurs qu'ils ne sont. Voilà
donc d'abord les déclamateurs chassés. Il ne faudra même souffrir
les panégyristes qu'autant qu'ils proposeront des modèles dignes
d'être imités, et qu'ils rendront la vertu aimable par leurs louanges.

B. Quoi, un panégyrique ne vaudra donc rien, s'il n'est plein
de morale?

A. Ne l'avez-vous pas conclu vous-même? Il ne faut parler que
pour instruire; il ne faut louer un héros que pour apprendre ses
vertus au peuple, que pour l'exciter à les imiter, que pour montrer que la gloire et la vertu sont inséparables. Ainsi il faut
retrancher d'un panégyrique toutes les louanges vagues,
excessives, flatteuses; il n'y faut laisser aucune de ces pensées stériles, qui ne concluent rien pour l'instruction de l'auditeur; il
faut que tout tende à lui faire aimer la vertu. Au contraire, la plupart des panégyristes semblent ne louer les vertus que pour louer
les hommes qui les ont pratiquées, et dont ils ont entrepris l'é-
loge. Faut-il louer un homme? ils élèvent les vertus qu'il a pratiquées au-dessus de toutes les autres. Mais chaque chose a son
tour: dans une autre occasion, ils déprimeront les vertus qu'ils
ont élevées, en faveur de quelque autre sujet qu'ils voudront flatter. C'est par ce principe que je blâmerai Pline. S'il avait loué
Trajan pour former d'autres héros semblables à celui-là, ce serait une vue digne d'un orateur. Trajan, tout grand qu'il est,
ne devrait pas être la fin de son discours; Trajan ne devrait
être qu'un exemple proposé aux hommes pour les inviter à être
vertueux. Quand un panégyriste n'a que cette vue basse de
louer un seul homme, ce n'est plus que la flatterie qui parle à la
vanité.

B. Mais que répondrez-vous sur les poèmes qui sont faits pour
louer des héros? Homère a son Achille; Virgile son Enée; voulez-vous condamner ces deux poètes?

A. Non, Monsieur; mais vous n'avez qu'à examiner les desseins
de leurs poèmes. Dans l'Iliade, Achille est, à la vérité, le premier
héros; mais sa louange n'est pas la fin principale du poème. Il
est représenté naturellement avec tous ses défauts; ces défauts
mêmes sont un des sujets sur lesquels le poète a voulu instruire la
postérité. Il s'agit, dans cet ouvrage, d'inspirer aux Grecs l'amour
de la gloire que l'on acquiert dans les combats, et la crainte de la

désunion, comme de l'obstacle à tous les grands succès. Ce dessein de morale est marqué visiblement dans tout ce poème. Il est vrai que l'Odyssée représente dans Ulysse un héros plus régulier et plus accompli ; mais c'est par hasard. C'est qu'en effet un homme dont le caractère est la sagesse, tel qu'Ulysse, a une conduite plus exacte et plus uniforme qu'un jeune homme tel qu'Achille, d'un naturel bouillant et impétueux ; ainsi Homère n'a songé, dans l'un et dans l'autre, qu'à peindre fidèlement la nature. Au reste, l'Odyssée renferme de tous côtés mille instructions morales pour tout le détail de la vie, et il ne faut que lire pour voir que le poète n'a peint un homme sage, qui vient à bout de tout par sa sagesse, que pour apprendre à la postérité les fruits que l'on doit attendre de la piété, de la prudence et des bonnes mœurs. Virgile, dans l'Enéide, a imité l'Odyssée pour le caractère de son héros ; il l'a fait modéré, pieux, et par conséquent égal à lui-même. Il est aisé de voir qu'Enée n'est pas son principal but : il a regardé en ce héros le peuple romain, qui en devait descendre. Il a voulu montrer à ce peuple que son origine était divine, que les dieux lui avaient préparé de loin l'empire du monde ; et par là il a voulu exciter ce peuple à soutenir par ses vertus la gloire de sa destinée. Il ne pouvait jamais y avoir chez les païens une morale plus importante que celle-là. L'unique chose sur laquelle on peut soupçonner Virgile, est d'avoir un peu trop songé à sa fortune dans ses vers, et d'avoir fait aboutir son poème à la louange, peut-être un peu flatteuse, d'Auguste et de sa famille ; mais je ne voudrais pas pousser la critique si loin.

B. Quoi, vous ne voulez pas qu'un poète ni un orateur cherche honnêtement sa fortune ?

A. Après notre digression sur les Panégyriques, qui ne sera pas inutile, nous voilà revenus à notre difficulté. Il s'agit de savoir si les orateurs doivent être désintéressés.

B. Je ne saurais le croire ; vous renversez toutes les maximes communes.

A. Ne voulez-vous pas que dans votre République il soit défendu aux orateurs de dire autre chose que la vérité ? Ne prétendez-vous pas qu'ils parleront toujours pour instruire, pour corriger les hommes, et pour affermir les lois ?

B. Oui, sans doute.

A. Il faut donc que les orateurs ne craignent et n'espèrent rien de leurs auditeurs pour leur propre intérêt. Si vous admettez des orateurs ambitieux et mercenaires, s'opposeront-ils à toutes les passions des hommes ? S'ils sont malades de l'avarice, de l'ambition, de la mollesse, en pourront-ils guérir les autres ? S'ils cherchent les richesses, seront-ils propres à en détacher autrui ? Je sais qu'on ne doit pas laisser un orateur vertueux et désintéressé manquer des choses nécessaires ; aussi cela n'arrivera-t-il jamais, s'il est vrai philosophe, c'est-à-dire tel qu'il doit être pour redresser les mœurs des hommes : il mènera une vie simple, modeste, frugale, laborieuse ; il lui faudra peu : ce peu ne lui manquera point, dût-il de ses propres mains le gagner ; le surplus ne doit pas être sa récompense, et n'est pas digne de l'être. Le public lui pourra rendre des honneurs, et lui donner de l'autorité : mais s'il est dégagé des passsions, et désintéressé, il n'usera de cette autorité que pour le bien public, prêt à la perdre toutes les fois qu'il ne pourra la conserver qu'en dissimulant, et en flattant les hommes. Ainsi l'Orateur, pour être digne de persuader les peuples, doit être un homme incorruptible ; sans cela son talent et son art se retourneraient en poison mortel contre la République même. De là vient que, selon Cicéron, la première et la plus essentielle des qualités d'un orateur est la vertu : il faut une probité qui soit à l'épreuve de tout, et qui puisse servir de modèle à tous les citoyens ; sans cela on ne peut paraître persuadé, ni par conséquent persuader les autres.

B. Je conçois bien l'importance de ce que vous me dites : mais après tout, un homme ne pourra-t-il pas employer son talent pour s'élever aux honneurs ?

A. Remontez toujours aux principes. Nous sommes convenus que l'Éloquence et la profession de l'Orateur est consacrée à l'instruction et à la réformation des mœurs du peuple. Pour le faire avec liberté et avec fruit, il faut qu'un homme soit désintéressé ; il faut qu'il apprenne aux autres le mépris de la mort, des richesses, des délices ; il faut qu'il inspire la modestie, la frugalité, le désintéressement, le zèle du bien public, l'attachement inviolable aux lois ; il faut que tout cela paraisse autant dans ses mœurs que dans ses discours. Un homme qui songe à plaire pour sa fortune, et qui par conséquent a besoin de ménager tout le monde, peut-il prendre cette autorité sur les esprits ? Quand même il dirait tout ce qu'il faut dire, croirait-on ce que dirait un homme qui ne paraîtrait pas le croire lui-même ?

B. Mais il ne fait rien de mal en cherchant une fortune, dont je suppose qu'il a besoin.

A. N'importe ; qu'il cherche par d'autres voies le bien dont il a besoin pour vivre : il y a d'autres professions qui peuvent le tirer de la pauvreté ; s'il a besoin de quelque chose, et qu'il soit réduit à l'attendre du public, il n'est pas encore propre à être orateur. Dans votre République, choisiriez-vous pour juges des hommes pauvres, affamés ? Ne craindriez-vous pas que le besoin les réduirait à quelque lâche complaisance ? Ne prendriez-vous pas plutôt des personnes considérables, et que la nécessité ne saurait tenter ?

B. Je l'avoue.

A. Par la même raison, ne choisiriez-vous pas pour orateurs, c'est-à-dire pour maîtres qui doivent instruire, corriger, et former les peuples, des gens qui n'eussent besoin de rien, et qui fussent désintéressés, et s'il y en avait d'autres qui eussent du talent pour ces sortes d'emplois, mais qui eussent encore des intérêts à ménager, n'attendriez-vous pas à employer leur éloquence jusqu'à ce qu'ils auraient leur nécessaire, et qu'ils ne seraient plus suspects d'aucun intérêt en parlant aux hommes ?

B. Mais il me semble que l'expérience de notre siècle montre assez qu'un orateur peut parler fortement de morale, sans renoncer à sa fortune. Peut-on voir des peintures morales plus sévères que celles qui sont en vogue ? On ne s'en fâche point, on y prend plaisir, et celui qui les fait ne laisse pas de s'élever dans le monde par ce chemin.

A. Les peintures morales n'ont point d'autorité pour convertir, quand elles ne sont soutenues ni de principes ni de bons exemples. Qui voyez-vous convertir par là ? On s'accoutume d'entendre cette description ; ce n'est qu'une belle image, qui passe devant les yeux ; on écoute ces discours comme on lirait une satire ; on regarde celui qui parle comme un homme qui joue bien une espèce de comédie ; on croit bien plus ce qu'il fait que ce qu'il dit ; il est intéressé, ambitieux, vain, attaché à une vie molle ; il ne quitte aucune des choses qu'il dit qu'il faut quitter : on le laisse dire pour la cérémonie, mais on croit, on fait comme lui. Ce qu'il y a de pis, est qu'on s'accoutume par là à croire que cette sorte de gens ne parle pas de bonne foi : cela décrie leur ministère ; et quand d'autres parlent après eux avec un zèle sincère, on ne peut se persuader que cela soit vrai.

B. J'avoue que vos principes se suivent et qu'ils persuadent,

quand on les examine attentivement : mais n'est-ce point par pur
zèle de piété chrétienne que vous dites toutes ces choses?

A. Il n'est pas nécessaire d'être chrétien pour penser tout cela :
il faut être chrétien pour le bien pratiquer ; car la grâce seule
peut réprimer l'amour-propre, mais il ne faut être que raisonnable pour reconnaître ces vérités-là. Tantôt je vous citais Socrate et
Platon : vous n'avez pas voulu déférer à leur autorité. Maintenant
que la raison commence à vous persuader, et que vous n'avez plus
besoin d'autorités, que direz-vous, si je vous montre que ce raisonnement est le leur?

B. Le leur? est-il possible? J'en serai fort aise.

A. Platon fait parler Socrate avec un orateur nommé Gorgias,
et avec un disciple de Gorgias, nommé Calliclès. Ce Gorgias était
un homme très célèbre ; Isocrate, dont nous avons tant parlé, fut
son disciple. Ce Gorgias fut le premier, dit Cicéron, qui se vanta
de parler éloquemment de tout ; dans la suite, les rhéteurs grecs
imitèrent cette vanité. Revenons au dialogue de Gorgias et de
Calliclès. Ces deux hommes discouraient également sur toutes
choses selon la méthode du premier ; c'étaient de ces beaux esprits
qui brillent dans les conversations, et qui n'ont d'autre emploi
que celui de bien parler ; mais il paraît qu'ils manquaient de ce
que Socrate cherchait dans les hommes, c'est-à-dire de vrais
principes de la morale, et des règles d'un raisonnement exact et
sérieux. Après que l'auteur a bien fait sentir le ridicule de leur
caractère d'esprit, il vous dépeint Socrate qui, semblant se jouer,
réduit plaisamment les deux orateurs à ne pouvoir dire ce que
c'est que l'Eloquence. Ensuite Socrate montre que la Rhétorique,
c'est-à-dire l'art de ces orateurs-là, n'est pas un art véritable. Il
appelle l'art *une discipline réglée qui apprend aux hommes à faire
quelque chose qui soit utile à les rendre meilleurs qu'ils ne sont ;*
par là il montre qu'il n'appelle art que les arts libéraux, et que
ces arts dégénèrent, toutes les fois qu'on les rapporte à une autre
fin qu'à former les hommes à la vertu. Il prouve que les rhéteurs n'ont point ce but-là ; il fait voir même que Thémistocle et
Périclès ne l'ont point eu, et par conséquent n'ont point été de
vrais orateurs. Il dit que ces hommes célèbres n'ont songé qu'à
persuader aux Athéniens de faire des ports, des murailles, et de
remporter des victoires. Ils n'ont, dit-il, rendu leurs citoyens que
riches, puissants, belliqueux, et ils en ont été ensuite maltrai-
tés. En cela ils n'ont eu que ce qu'ils méritaient : s'ils les avaient

rendus bons par leur éloquence, leur récompense eût été certaine. Qui fait les hommes bons et vertueux est sûr, après son travail, de ne trouver point des ingrats, puisque la vertu et l'ingratitude sont incompatibles. Il ne faut point vous rapporter tout ce qu'il dit sur l'inutilité de cette Rhétorique, parce que tout ce que je vous en ai dit comme de moi-même est tiré de lui ; il vaut mieux vous raconter ce qu'il dit sur les maux que ces vains rhéteurs causent dans une république.

B. Je comprends bien que ces rhéteurs étaient à craindre dans les républiques de la Grèce, où ils pouvaient séduire le peuple et s'emparer de la tyrannie.

A. En effet, c'est principalement de cet inconvénient dont parle Socrate ; mais les principes qu'il donne en cette occasion s'étendent plus loin. Au reste, quand nous parlons ici, vous et moi, d'une république à policer, il s'agit non-seulement des états où le peuple gouverne, mais encore de tout état, soit populaire, soit gouverné par plusieurs chefs, soit monarchique ; ainsi je ne touche pas à la forme du gouvernement : en tout pays les règles de Socrate sont d'usage.

B. Expliquez-les donc, s'il vous plaît.

A. Il dit que l'homme étant composé de corps et d'esprit, il faut cultiver l'un et l'autre ; il y a deux arts pour l'esprit, et deux arts pour le corps. Les deux de l'esprit sont la science des Lois et de la Jurisprudence ; par la science des Lois il comprend tous les principes de philosophie pour régler les sentiments et les mœurs des particuliers et de toute la république ; la Jurisprudence est le remède dont on se doit servir pour réprimer la mauvaise foi et l'injustice des citoyens ; c'est par elle qu'on juge les procès et qu'on punit les crimes ; ainsi la science des Lois doit servir à prévenir le mal, et la Jurisprudence à le corriger. Il y a deux arts semblables pour les corps : la Gymnastique, qui les exerce, qui les rend sains, proportionnés, agiles, vigoureux, pleins de force et de bonne grâce (vous savez, Monsieur, que les anciens se servaient merveilleusement de cet art que nous avons perdu) ; puis la Médecine, qui guérit les corps, lorsqu'ils ont perdu la santé. La Gymnastique est pour le corps ce que la science des Lois est pour l'âme : elle forme, elle perfectionne. La Médecine est aussi pour le corps ce que la Jurisprudence est pour l'âme : elle corrige, elle guérit. Mais cette institution si pure s'est altérée, dit Socrate. A la place de la science des Lois, on a mis la vaine subtilité des Sophistes, faux philosophes qui abusent du raisonnement, et qui, manquant des vrais principes pour le bien public, tendent à leurs fins particulières. A la Jurisprudence, dit-il encore, a succédé le faste des Rhéteurs, gens qui ont voulu plaire et éblouir ; au lieu de la Jurisprudence qui devait être la médecine de l'âme, et dont il ne fallait se servir que pour guérir les passions des hommes, on voit de faux orateurs qui n'ont songé qu'à leur réputation. A la Gymnastique, ajoute encore Socrate, on a fait succéder l'art de farder les corps, et de leur donner une fausse et trompeuse beauté, au lieu qu'on ne devait chercher qu'une beauté simple et naturelle, qui vient de la santé et de la proportion de tous les membres : ce qui ne s'acquiert et ne s'entretient que par le régime de l'exercice. A la Médecine on a fait aussi succéder l'invention des mets délicieux, et de tous les ragoûts qui excitent l'appétit des hommes ; et au lieu de purger l'homme plein d'humeurs pour lui rendre la santé, et par la santé l'appétit, on force la nature, on lui fait un appétit artificiel, par toutes les choses contraires à la tempérance. C'est ainsi que Socrate remarquait le désordre des mœurs de son temps ; et il conclut en disant que les orateurs, qui, dans la vue de guérir les hommes, devaient leur dire, même avec autorité, des vérité désagréables, et leur donner ainsi des médecines amères, ont au contraire fait pour l'âme comme les cuisiniers pour le corps. Leur réthorique n'a été qu'un art de faire des ragoûts pour flatter les hommes malades ; on ne s'est mis en peine que de plaire, que d'exciter la curiosité et l'admiration ; les orateurs n'ont parlé que pour eux. Il finit en demandant où sont les citoyens que ces Rhéteurs ont guéris de leurs mauvaises habitudes ; où sont les gens qu'ils ont rendus tempérants et vertueux. Ne croyez-vous pas entendre un homme de notre siècle qui voit ce qui s'y passe, et qui parle des abus présents ? Après avoir entendu ce païen, que direz-vous de cette éloquence qui ne va qu'à plaire et qu'à faire de belles peintures, lorsqu'il faudrait, comme il dit lui-même, brûler, couper jusqu'au vif, et chercher sérieusement la guérison par l'amertume des remèdes et par la sévérité du régime ? Mais jugez de ces choses par vous-même. Trouveriez-vous bon qu'un médecin qui vous traiterait s'amusât, dans l'extrémité de votre maladie, à débiter des phrases élégantes et des pensées subtiles ? Que penseriez-vous d'un avocat, qui, plaidant une cause où il s'agirait de tout le bien de votre famille ou de votre propre vie, ferait le bel esprit, et remplirait son plaidoyer de fleurs et d'ornements, au lieu de raisonner avec force, et d'exciter la compassion des juges ? L'amour du bien et de la vie fait assez sentir ce ridicule-là ; mais l'indifférence où l'on vit pour les bonnes mœurs et pour la religion, fait qu'on ne les remarque point dans les orateurs qui devraient être les censeurs et les médecins du peuple. Ce que vous avez vu qu'en pensait Socrate doit nous faire honte.

B. Je vois bien maintenant, selon vos principes, que les orateurs devraient être les défenseurs des lois, et les maîtres des peuples pour leur enseigner la vertu ; mais l'Eloquence du barreau, chez les Romains, n'allait pas jusque-là.

A. C'était sans doute son but, Monsieur : les orateurs devaient protéger l'innocence et les droits des particuliers, lorsqu'ils n'avaient point d'occasion de représenter, dans leurs discours, les besoins généraux de la république : de la vient que cette profession fut si honorée, et que Cicéron nous donne une si haute idée du véritable Orateur.

B. Mais voyons donc de quelle manière ces orateurs doivent parler ; je vous supplie de m'expliquer vos vues là-dessus.

A. Je ne vous dirai pas les miennes : je continuerai à vous parler selon les règles que les anciens nous donnent. Je ne vous dirai même que les principales choses, car vous n'attendez pas que je vous explique par ordre le détail presque infini des préceptes de la Rhétorique : il y en a beaucoup d'inutiles ; vous les avez lus dans les livres où ils sont amplement. Contentons-nous de parler de ce qui est le plus important. Platon, dans son dialogue où il fait parler Socrate avec Phèdre, montre que le grand défaut des rhéteurs est de chercher l'art de persuader avant que d'avoir appris, par les principes de la philosophie, quelles sont les choses qu'il faut tâcher de persuader aux hommes. Il veut que l'Orateur ait commencé par l'étude de l'homme en général ; qu'après il se soit appliqué à la connaissance des hommes en particulier auxquels il doit parler ; ainsi il faut savoir ce que c'est que l'homme, sa fin, ses intérêts véritables ; de quoi il est composé, c'est-à-dire de corps et d'esprit ; la véritable manière de le rendre heureux ; quelles sont ses passions, les excès qu'elles peuvent avoir, la manière de les régler, comment on peut les exciter utilement pour lui faire aimer le bien ; les règles qui sont propres à le faire vivre en paix, et à entretenir la société. Après cette étude générale vient la particulière. Il faut connaître les lois et les coutumes de

son pays, les rapports qu'elles ont avec le tempérament des peuples, les mœurs de chaque condition, les éducations différentes,
les préjugés et les intérêts qui dominent dans le siècle où l'on
vit, le moyen d'instruire et de redresser les esprits. Vous voyez
que ces connaissances comprennent toute la Philosophie la plus
solide. Ainsi Platon montre par là qu'il n'appartient qu'au Philosophe d'être véritable orateur : c'est en ce sens qu'il faut expliquer tout ce qu'il dit dans le dialogue de Gorgias contre les Rhéteurs, c'est-à-dire contre cette espèce de gens qui s'étaient fait un
art de bien parler et de persuader, sans se mettre en peine de savoir par principes ce qu'on doit tâcher de persuader aux hommes ;
ainsi tout le véritable art, selon Platon, se réduit à bien savoir ce
qu'il faut persuader, et à bien connaître les passions des hommes,
et la manière de les émouvoir, pour arriver à la persuasion. Cicéron a presque dit les mêmes choses. Il semble d'abord vouloir
que l'Orateur n'ignore rien, parce que l'Orateur peut avoir besoin
de parler de tout, et qu'on ne parle jamais bien, dit-il après Socrate, que de ce qu'on sait bien. Ensuite il se réduit, à cause des
besoins pressants et de la brièveté de la vie, aux connaissances
les plus nécessaires. Il veut au moins qu'un orateur sache bien
toute cette partie de la Philosophie qui regarde les mœurs, ne lui
permettant d'ignorer que les curiosités de l'astrologie et des ma-
thématiques : surtout il veut qu'il connaisse la composition de
l'homme, et la nature de ses passions, parce que l'Eloquence a
pour but d'en mouvoir à propos les ressorts. Pour la connaissance
des lois, il la demande à l'Orateur, comme le fondement de tous
ses discours ; seulement il permet qu'il n'ait pas passé sa vie à
approfondir toutes les questions de Jurisprudence pour le détail
des causes, parce qu'il peut, dans le besoin, recourir aux profonds jurisconsultes, pour suppléer ce qui lui manquerait de ce
côté-là. Il demande, comme Platon, que l'Orateur soit bon dialecticien ; qu'il sache définir, prouver, démêler les plus subtiles sophismes. Il dit que c'est détruire la Réthorique de la séparer de
la philosophie ; que c'est faire des orateurs des déclamateurs pué-
rils sans jugement. Non-seulement il veut une connaissance exacte
de tous les principes de la morale, mais encore une étude particulière de l'antiquité. Il recommande la lecture des anciens Grecs ; il
veut qu'on étudie les historiens, non-seulement pour leur style,
mais encore pour les faits de l'Histoire ; surtout il exige l'étude
des poètes, à cause du grand rapport qu'il y a entre les figures de

la Poésie et celles de l'Eloquence. En un mot, il répète souvent que l'Orateur doit se remplir l'esprit des choses, avant que de parler. Je crois que je me souviendrai de ses propres termes, tant je les ai relus, et tant ils m'ont fait d'impression. Vous serez surpris de tout ce qu'il demande. L'orateur, dit-il, doit avoir la subtilité des dialecticiens, la science des philosophes, la diction presque des poètes, la voix et les gestes des plus grands acteurs. Voyez quelle préparation il faut pour tout cela.

C. Effectivement, j'ai remarqué en bien des occasions que ce qui manque le plus à certains orateurs, qui ont d'ailleurs beaucoup de talents, c'est le fonds de science. Leur esprit paraît vide. On voit qu'ils ont eu bien de la peine à trouver de quoi remplir leurs discours ; il semble même qu'ils ne parlent pas parce qu'ils sont remplis de vérités, mais qu'ils cherchent les vérités à mesure qu'ils veulent parler.

A. C'est ce que Cicéron appelle des gens qui vivent au jour la journée, sans nulle provision ; malgré tous leurs efforts, leurs discours paraissent toujours maigres et affamés. Il n'est pas temps de se préparer trois mois avant que de faire un discours public ; ces préparations particulières, quelque pénibles qu'elles soient, sont nécessairement très imparfaites, et un habile homme en remarque bientôt le faible ; il faut avoir passé plusieurs années à faire un fonds abondant. Après cette préparation générale, les préparations particulières coûtent peu ; au lieu que quand on ne s'applique qu'à des actions détachées, on est réduit à payer de phrases et d'antithèses : on ne traite que des lieux communs ; on ne dit rien que de vague ; on coud des lambeaux qui ne sont point faits les uns pour les autres ; on ne montre point les vrais principes des choses ; on se borne à des raisons superficielles, et souvent fausses ; on n'est pas capable de montrer l'étendue des vérités, parce que toutes les vérités générales ont un enchaînement nécessaire, et qu'il les faut connaître presque toutes, pour en traiter solidement une en particulier.

C. Cependant la plupart des gens qui parlent en public acquièrent beaucoup de réputation sans autre fonds que celui-là.

A. Il est vrai qu'ils sont applaudis par des femmes et par le gros du monde, qui se laisse aisément éblouir ; mais cela ne va jamais qu'à une certaine vogue capricieuse, qui a besoin même d'être soutenue par quelque cabale. Les gens qui savent les règles et qui connaissent le but de l'Eloquence, n'ont que du dégoût et du mépris pour ce discours en l'air; ils s'y ennuient beaucoup.

C. Vous voudriez qu'un homme attendît bien tard à parler en public; sa jeunesse serait passée avant qu'il eût acquis le fonds que vous lui demandez, et il ne serait plus en âge de l'exercer.

A. Je voudrais qu'il s'exerçât de bonne heure, car je n'ignore pas ce que peut l'action; mais je ne voudrais pas que, sous prétexte de s'exercer, il se jetât d'abord dans les emplois extérieurs, qui ôtent la liberté d'étudier. Un jeune homme pourrait de temps en temps faire des essais, mais il faudrait que l'étude des bons livres fût longtemps son occupation principale.

B. Dites-nous donc, avant que de nous quitter, quel est, selon vous, le grand effet de l'Eloquence.

A. Platon dit qu'un discours n'est éloquent qu'autant qu'il agit dans l'âme de l'auditeur : par là vous pouvez juger sûrement de tous les discours que vous entendez. Tout discours qui vous laissera froid, qui ne fera qu'amuser votre esprit, et qui ne remuera point vos entrailles, votre cœur, quelque beau qu'il paraisse, ne sera point éloquent. Voulez-vous entendre Cicéron parler comme Platon en cette matière. Il vous dira que toute la force de la parole ne doit tendre qu'à mouvoir les ressorts cachés que la nature a mis dans le cœur des hommes. Ainsi consultez-vous vous-même, pour savoir si les orateurs que vous écoutez font bien. S'ils font une vive impression en vous, s'ils rendent votre âme attentive et sensible aux choses qu'ils disent, s'ils vous échauffent et vous enlèvent au-dessus de vous-même, croyez hardiment qu'ils ont atteint le but de l'Eloquence. Si, au lieu de vous attendrir ou de vous inspirer de fortes passions, ils ne font que vous plaire, et que vous faire admirer l'éclat et la justesse de leurs pensées et de leurs expressions, dites que ce sont de faux orateurs.

B. Attendez un peu, s'il vous plaît; permettez-moi de vous faire encore quelques questions.

A. Je voudrais pouvoir attendre, car je me trouve bien ici; mais j'ai une affaire que je ne puis remettre : demain je reviendrai vous voir, et nous achèverons cette matière plus à loisir.

B. Adieu donc, Monsieur, jusqu'à demain.

DIALOGUE II (1).

————

A. De quoi parlions-nous hier, quand nous nous séparâmes? De bonne foi, je ne m'en souviens plus.

C. Vous parliez de l'Eloquence, qui consiste toute à émouvoir.

B. J'avais peine à comprendre cela; comment l'entendez-vous?

A. Le voici. Que diriez-vous d'un homme qui persuaderait sans prouver? Ce ne serait pas là le vrai orateur; il pourrait séduire les autres hommes, ayant l'art de les persuader, sans leur montrer que ce qu'il leur persuaderait serait la vérité. Un tel homme serait dangereux dans la République; c'est ce que nous avons vu dans les raisonnements de Socrate.

B. J'en conviens.

A. Mais que diriez-vous d'un homme qui prouverait la vérité d'une manière exacte, sèche, nue; qui mettrait ses arguments en bonne forme, ou qui se servirait de la méthode des géomètres dans ses discours publics, sans y ajouter rien de vif et de figuré? serait-ce un orateur?

B. Non, ce ne serait qu'un philosophe.

A. Il faut donc, pour faire un orateur, choisir un philosophe, c'est-à-dire un homme qui sache prouver la vérité, et ajouter à l'exactitude de ses raisonnements la beauté et la véhémence d'un discours varié, pour en faire un orateur.

B. Oui, sans doute.

A. Et c'est en cela que consiste la différence de la conviction de la Philosophie et de la persuasion de l'Eloquence.

B. Comment dites-vous? je n'ai pas bien compris.

_____

(1) Ce dialogue diffère du précédent en ce que l'un des interlocuteurs étant convaincu, l'un et l'autre cessent de discuter. Seulement ils exposent, ils développent le sujet.   *(Note des Éditeurs.)*

A. Je dis que le Philosophe ne fait que convaincre, et que l'Orateur, outre qu'il convainc, persuade.

B. Je n'entends pas bien encore. Que reste-t-il à faire quand l'auditeur est convaincu?

A. Il reste à faire ce que ferait un orateur plus qu'un métaphysicien, en vous montrant l'existence de Dieu. Le métaphysicien vous fera une démonstration simple, qui ne va qu'à la spéculation. L'orateur y ajoutera tout ce qui peut exciter en vous des sentiments, et vous faire aimer la vérité prouvée; c'est ce qu'on appelle persuasion.

B. J'entends à cette heure votre pensée.

A. Cicéron a eu raison de dire qu'il ne fallait jamais séparer la Philosophie de l'Eloquence; car le talent de persuader sans science et sans sagesse est pernicieux; et la sagesse, sans art de persuader, n'est point capable de gagner les hommes, et de faire entrer la vertu dans les cœurs. Il est bon de remarquer cela en passant, pour comprendre combien les gens du dernier siècle se sont trompés. Il y avait d'un côté des savants à belles-lettres, qui ne cherchaient que la pureté des langues et les livres poliment écrits; ceux-là, sans principes solides de doctrine, avec leur politesse et leur érudition, ont été la plupart libertins (1). D'un autre côté on voyait des scholastiques secs et épineux, qui proposaient la vérité d'une manière si désagréable et si peu sensible, qu'ils rebutaient presque tout le monde. Pardonnez-moi cette digression; je reviens à mon but. La persuasion a donc au-dessus de la simple conviction, que non-seulement elle a fait voir la vérité, mais qu'elle le dépeint aimable, et qu'elle émeut les hommes en sa faveur. Ainsi, dans l'Eloquence, tout consiste à ajouter à la preuve solide les moyens d'intéresser l'auditeur, et d'employer ses passions pour le dessein qu'on se propose. On lui inspire l'indignation contre la cruauté, la compassion pour la misère, l'amour pour la vertu, et le reste de même. Voilà ce que Platon appelle agir sur l'âme de l'auditeur et émouvoir ses entrailles. L'entendez-vous maintenant?

B. Oui, je l'entends, et je vois bien par là que l'Eloquence n'est point une invention frivole pour éblouir les hommes par des discours brillants; c'est un art très sérieux, et très utile à la morale.

A. De là vient ce que dit Cicéron, qu'il a vu bien des gens di-

(1) Ce mot a changé d'acception, il signifiait alors *incrédule, libre-penseur.* (*Note des Éditeurs.*)

serts, c'est-à-dire qui parlaient avec agrément et d'une manière élégante; mais qu'on ne voit presque jamais de vrai orateur, c'est-à-dire d'homme qui sache entrer dans le cœur des autres, et qui les entraîne.

B. Je ne m'en étonne plus, et je vois bien qu'il n'y a presque personne qui tende à ce but. Je vous avoue que Cicéron même, qui posa cette règle, semble s'en être écarté souvent. Que dites-vous de toutes les fleurs dont il a orné ses harangues? Il me semble que l'esprit s'y amuse, et que le cœur n'en est point ému.

A. Il faut distinguer, Monsieur : les pièces de Cicéron encore jeune, où il ne s'intéresse que pour sa réputation, ont souvent ce défaut : il paraît bien qu'il est plus occupé du désir d'être admiré que de la justice de sa cause (1). C'est ce qui arrivera toujours, lorsqu'une partie emploiera, pour plaider sa cause, un homme qui ne se soucie de son affaire que pour remplir sa profession avec éclat. Aussi voyons-nous que la plaidoirie se tournait souvent chez les Romains en déclamation fastueuse. Mais après tout, il faut avouer qu'il y a dans ces harangues, même les plus fleuries, bien de l'art pour persuader et pour émouvoir. Ce n'est pourtant pas par cet endroit qu'il faut voir Cicéron pour le bien connaître; c'est dans les harangues qu'il a faites, dans un âge plus avancé, pour les besoins de la République. Alors l'expérience des grandes affaires, l'amour de la liberté, la crainte des malheurs dont il était menacé, lui faisaient faire des efforts dignes d'un orateur. Lorsqu'il s'agit de soutenir la liberté mourante, et d'animer toute la République contre Antoine son ennemi, vous ne le voyez plus chercher des jeux d'esprit et des antithèses; c'est là qu'il est véritablement éloquent : tout y est négligé, comme il dit lui-même dans l'*Orateur* qu'on le doit être lorsqu'il s'agit d'être véhément : c'est un homme qui cherche simplement dans la seule nature tout ce qui est capable de saisir, d'animer, et d'entraîner les hommes.

C. Vous nous avez parlé souvent des jeux d'esprit : je voudrais bien savoir ce que c'est précisément; car je vous avoue que j'ai peine à distinguer dans l'occasion les jeux d'esprit d'avec les au-

---

(1) Cicéron lui-même, dans l'*Orator* (c. xxx), a reconnu les défauts brillants des discours de sa jeunesse. Mais il nous apprend aussi que dès le temps de ses premiers débuts il se livrait avec une grande ardeur à l'étude des sciences et de la philosophie. V. *Brutus*, c. LXXXIX et XC.

tres ornements du discours : il me semble que l'esprit se joue dans tous les discours ornés.

A. Pardonnez-moi, il y a, selon Cicéron même, des expressions dont tout l'ornement naît de leur force et de la nature du sujet.

C. Je n'entends point tous ces termes de l'art; expliquez-moi, s'il vous plaît, familièrement, à quoi je pourrai d'abord reconnaître un jeu d'esprit et un ornement solide.

A. La lecture et la réflexion pourront vous l'apprendre; il y a cent manières différentes de jeux d'esprit.

C. Mais encore, de grâce, quelle en est la marque générale? est-ce l'affectation?

A. Ce n'est pas toute sorte d'affectation; mais c'est celle de vouloir plaire et montrer son esprit.

C. C'est quelque chose : mais je voudrais encore des marques plus précises, pour aider mon discernement.

A. Hé bien, en voici une qui vous contentera peut-être. Nous avons déjà dit que l'Eloquence consiste non-seulement dans la preuve, mais encore dans l'art d'exciter les passions. Pour les exciter, il faut les peindre ; ainsi je crois que toute l'Eloquence se réduit à prouver, à peindre et à toucher. Toutes les pensées brillantes qui ne vont point à une de ces trois choses ne sont que jeu d'esprit.

C. Qu'appelez-vous peindre? je n'entends point tout votre langage.

A. Peindre, c'est non-seulement décrire les choses, mais en représenter les circonstances d'une manière si vive et si sensible, que l'auditeur s'imagine presque les voir. Par exemple, un froid historien qui raconterait la mort de Didon, se contenterait de dire : Elle fut si accablée de douleur après le départ d'Enée, qu'elle ne put supporter la vie ; elle monta au haut de son palais, elle se mit sur un bûcher, et se tua elle-même. En écoutant ces paroles, vous apprenez le fait, mais vous ne le voyez pas. Ecoutez Virgile, il le mettra devant vos yeux. N'est-il pas vrai que quand il ramasse toutes les circonstances de ce désespoir, qu'il vous montre Didon furieuse, avec un visage où la mort est déjà peinte, qu'il la fait parler à la vue de ce portrait et de cette épée, votre imagination vous transporte à Carthage; vous croyez voir la flotte des Troyens qui fuit le rivage, et la reine que rien n'est capable de consoler : vous entrez dans tous les sentiments qu'eurent alors les véritables spectateurs. Ce n'est plus Virgile que vous écoutez ; vous êtes trop attentif aux dernières paroles de la malheureuse Didon, pour penser à lui. Le poète disparaît ; on ne voit plus que ce qu'il fait voir, ont n'entend plus que ceux qu'il fait parler. Voilà la force de l'imitation et de la peinture. De là vient qu'un peintre et un poète ont tant de rapport ; l'un peint pour les yeux, l'autre pour les oreilles : l'un et l'autre doivent porter les objets dans l'imagination des hommes. Je vous ai cité un exemple tiré d'un poète, pour vous faire mieux entendre la chose ; car la peinture est encore plus vive et plus forte dans les poètes que dans les orateurs. La Poésie ne diffère de la simple Eloquence qu'en ce qu'elle peint avec enthousiasme et par des traits plus hardis. La prose a ses peintures, quoique plus modérées ; sans ces peintures on ne peut échauffer l'imagination de l'auditeur, ni exciter ses passions. Un récit simple ne peut émouvoir : il faut non-seulement instruire les auditeurs des faits, mais les leur rendre sensibles, et frapper leurs sens par une représentation parfaite de la manière touchante dont ils sont arrivés.

C. Je n'avais jamais compris tout cela. Je vois bien maintenant que ce que vous appelez peinture est essentiel à l'Eloquence ; mais vous me feriez croire qu'il n'y a point d'éloquence sans poésie.

A. Vous pouvez le croire hardiment. Il en faut retrancher la versification, c'est-à-dire le nombre réglé de certaines syllabes, dans lequel le poète renferme ses pensées. Le vulgaire ignorant s'imagine que c'est là la poésie. On croit être poète quand on a parlé ou écrit en mesurant ses paroles. Au contraire, bien des gens font des vers sans poésie, et beaucoup d'autres sont pleins de poésie, sans faire de vers : laissons donc la versification. Pour tout le reste, la Poésie n'est autre chose qu'une fiction vive qui peint la nature. Si on n'a ce génie de peindre, jamais on n'imprime les choses dans l'âme de l'auditeur : tout est sec, languissant et ennuyeux. Depuis le péché originel, l'homme est tout enfoncé dans les choses sensibles ; c'est là son grand mal : il ne peut être longtemps attentif à ce qui est abstrait. Il faut donner du corps à toutes les instructions qu'on veut insinuer dans son esprit : il faut des images qui l'arrêtent. De là vient que sitôt après la chute du genre humain, la poésie et l'idolâtrie, toujours jointes ensemble, firent toute la religion des anciens. Mais ne nous écartons pas. Vous voyez bien que la Poésie, c'est-à-dire la vive peinture des choses, c'est comme l'âme de l'Eloquence.

C. Mais si les vrais orateurs sont poètes, il me semble aussi que les poëtes sont orateurs, car la Poésie est propre à persuader.

A. Sans doute, ils ont le même but, toute la différence consiste en ce que je vous ai dit : les poëtes ont au-dessus des orateurs l'enthousiasme, qui les rend même plus élevés, plus vifs et plus hardis dans leurs expressions. Vous vous souvenez bien de ce que je vous ai rapporté tantôt de Cicéron.

C. Quoi ? N'est-ce pas...

A. Que l'Orateur doit avoir la diction presque des poëtes ; ce presque dit tout.

C. Je l'entends bien à cette heure ; tout cela se débrouille dans mon esprit. Mais revenons à ce que vous nous avez promis.

A. Vous le comprendrez bientôt. A quoi peut servir dans un discours tout ce qui ne sert point à une de ces trois choses, la preuve, la peinture et le mouvement ?

C. Cela servira à plaire.

A. Distinguons, s'il vous plaît. Ce qui sert à plaire pour persuader est bon ; les preuves solides et bien expliquées plaisent sans doute. Ces mouvements vifs et naturels de l'Orateur ont beaucoup de grâces ; les peintures fidèles et animées charment. Ainsi les trois choses que nous admettons dans l'Eloquence plaisent ; mais elles ne se bornent pas à plaire. Il est question de savoir si nous approuverons les pensées et les expressions qui ne vont qu'à plaire, et qui ne peuvent point avoir d'effet plus solide ; c'est ce que j'appelle jeu d'esprit. Souvenez-vous donc bien, s'il vous plaît, toujours que je loue toutes les grâces du discours qui servent à la persuasion ; je ne rejette que celles où l'orateur amoureux de lui-même a voulu se peindre, et amuser l'auditeur par son bel esprit, au lieu de le remplir uniquement de son sujet. Aussi je crois qu'il faut condamner non-seulement tous les jeux de mots, car ils n'ont rien que de froid et de puéril, mais encore tous les jeux de pensées, c'est-à-dire toutes celles qui ne servent qu'à briller, puisqu'elles n'ont rien de solide et de convenable à la persuasion.

C. J'y consentirais volontiers. Mais n'ôteriez-vous pas par cette sévérité les principaux ornements du discours ?

A. Ne trouvez-vous pas que Virgile et Homère sont des auteurs assez agréables ? croyez-vous qu'il y en ait de plus délicieux ? Vous n'y trouverez pourtant pas ce qu'on appelle des jeux d'esprit. Ce sont des choses simples, la nature se montre partout, partout l'art se cache soigneusement. Vous n'y trouvez pas un seul mot qui paraisse mis pour faire honneur au bel esprit du poète. Il met toute sa gloire à ne point paraître, pour vous occuper des choses qu'il peint, comme un peintre songe à vous mettre devant les yeux les forêts, les montagnes, les rivières, les lointains, les bâtiments, les hommes, leurs aventures, leurs actions, leurs passions différentes, sans que vous puissiez remarquer les coups du pinceau ; l'art est grossier et méprisable dès qu'il paraît. Platon, qui avait examiné tout cela beaucoup mieux que la plupart des orateurs, assure qu'en écrivant on doit toujours se cacher, se faire oublier, et ne produire que les choses et les personnes qu'on veut mettre devant les yeux du lecteur. Voyez combien ces anciens-là avaient des idées plus hautes et plus solides que nous.

B. Vous nous avez assez parlé de la peinture, dites-nous quelque chose des mouvements : à quoi servent-ils ?

A. A en imprimer dans l'esprit de l'auditeur qui soient conformes au dessein de celui qui parle.

B. Mais ces mouvements, en quoi les faites-vous consister ?

A. Dans les paroles, et dans les actions du corps.

B. Quel mouvement peut-il y avoir dans les paroles ?

A. Vous allez le voir. Cicéron rapporte que les ennemis mêmes de Gracchus ne purent s'empêcher de pleurer, lorsqu'il prononça ces paroles : *Misérable ! où irai-je ? Quel asile me reste-t-il ? Le Capitole ? il est inondé du sang de mon frère. Ma maison ? j'y verrais une malheureuse mère fondre en larmes et mourir de douleur.* Voilà des mouvements. Si on disait cela avec tranquillité, il perdrait sa force.

B. Le croyez-vous ?

B. Vous le croirez aussi bien que moi, si vous l'essayez. Voyons-le. *Je ne sais où aller dans mon malheur ; il ne me reste aucun asile. Le Capitole est le lieu où l'on a répandu le sang de mon frère ; ma maison est un lieu où je verrais ma mère pleurer de douleur.* C'est la même chose : qu'est devenue cette vivacité ? où sont ces paroles coupées, qui marquent si bien la nature dans les transports de la douleur ? La manière de dire les choses fait voir la manière dont on les sent, et c'est ce qui touche davantage l'auditeur. Dans ces endroits-là, non-seulement il ne faut

(1) « *Quo me miser conferam ? quo vertam ? In Capitoliumne ? at fratris sanguine redundat. An domum ? matremne ut miseram lamentantemque videam et abjectam ?* » *De Orat.* III, LVI.

point de pensées, mais on en doit retrancher l'ordre et les liaisons. Sans cela la passion n'est plus vraisemblable, et rien n'est si choquant qu'une passion exprimée avec pompe, et par des périodes réglées. Sur cet article, je vous renvoie à Longin : vous y verrez des exemples de Démosthène qui sont merveilleux.

B. J'entends tout cela : mais vous nous avez fait espérer l'explication du corps, je ne vous en tiens pas quitte.

A. Je ne prétends pas faire ici toute une Réthorique, je n'en suis pas même capable ; je vous dirai seulement quelques remarques que j'ai faites. L'action des Grecs et des Romains était bien plus violente que la nôtre ; nous le voyons dans Cicéron et dans Quintilien ; ils battaient du pied, ils se frappaient même le front. Cicéron nous représente un orateur qui se jette sur la partie qu'il défend, et qui déchire ses habits pour montrer aux juges les plaies qu'il avait reçues au service de la république. Voilà une action véhémente ; mais cette action est réservée pour des choses extraordinaires. Il ne parle point d'un geste continuel ; en effet, il n'est point naturel de remuer toujours les bras en parlant : il faut remuer les bras, parce qu'on est animé ; mais il ne faudrait pas, pour paraître animé, remuer les bras. Il y a des choses même qu'il faudrait dire tranquillement sans se remuer.

B. Quoi! vous voudriez qu'un prédicateur, par exemple, ne fît point de geste en quelques occasions? cela paraîtrait bien extraordinaire.

A. J'avoue qu'on a mis en règle, ou du moins en coutume, qu'un prédicateur doit s'agiter sur tout ce qu'il dit presque indifféremment ; mais il est bien aisé de montrer que souvent nos prédicateurs s'agitent trop, et que souvent aussi ils ne s'agitent pas assez.

B. Ha! je vous prie de m'expliquer cela; car j'avais toujours cru, sur l'exemple de Bourdaloue, qu'il n'y avait que deux ou trois sortes de mouvements de mains à faire dans tout un sermon.

A. Venons au principe. A quoi sert l'action du corps? n'est-ce pas à exprimer les sentiments et les passions qui occupent l'âme ?

B. Je le crois.

A. Le mouvement du corps est donc une peinture des pensées de l'âme ?

_____

(1) On sait que Bourdaloue n'avait point de geste. Sans doute cela ne l'a point empêché d'être un admirable modèle du prédicateur; cependant le geste n'aurait pas nui à son éloquence. *(Note des Éditeurs.)*

B. Oui.

A. Et cette peinture doit être ressemblante. Il faut que tout y représente vivement et naturellement les sentiments de celui qui parle, et la nature des choses qu'il dit. Je sais bien qu'il ne faut pas aller jusqu'à une représentation basse et comique.

B. Il me semble que vous avez raison, et je vois déjà votre pensée. Permettez-moi de vous interrompre, pour vous montrer combien j'entre dans toutes les conséquences de vos principes. Vous voulez que l'Orateur exprime par une action vive et naturelle ce que ses paroles seules n'exprimeraient que d'une manière languissante. Ainsi, selon vous, l'action même est une peinture.

A. Sans doute. Mais voici ce qu'il en faut conclure : c'est que pour bien peindre il faut imiter la nature, et voir ce qu'elle fait quand on la laisse faire, et que l'art ne la contraint pas.

B. J'en conviens.

A. Voyons donc. Naturellement fait-on beaucoup de gestes, quand on dit des choses simples, et où nulle passion n'est mêlée?

B. Non.

A. Il faudrait donc n'en faire point en ces occasions dans les discours publics, ou en faire très peu ; car il faut que tout y suive la nature. Bien plus, il y a des choses où l'on exprimerait mieux ses pensées par une cessation de tout mouvement. Un homme plein d'un grand sentiment demeure un moment immobile ; cette espèce de saisissement tient en suspens l'âme de tous les auditeurs.

B. Je comprends que ces suspensions bien employées seraient belles, et puissantes pour toucher l'auditeur ; mais il me semble que vous réduisez celui qui parle en public à ne faire pour le geste que ce que ferait un homme qui parlerait en particulier.

A. Pardonnez-moi : la vue d'une grande assemblée, et l'importance du sujet qu'on traite, doit sans doute animer beaucoup plus un homme que s'il était dans une simple conversation : mais en public comme en particulier il faut qu'il agisse toujours naturellement ; il faut que son corps ait du mouvement quand ses paroles en ont, et que son corps demeure tranquille quand ses paroles n'ont rien que de doux et de simple. Rien ne me semble si choquant et si absurde que de voir un homme qui se tourmente pour me dire des choses froides : pendant qu'il sue il me glace le sang. La plupart de ces déclamateurs sont pour le geste comme pour la voix : leur voix a une monotonie perpétuelle, et leur geste une uniformité qui n'est ni moins ennuyeuse ni moins éloignée de la nature, ni moins contraire au fruit qu'on pourrait attendre de l'action.

B. Vous dites qu'ils n'en ont pas assez quelquefois.

A. Faut-il s'en étonner? Ils ne discernent point les choses où il faut s'animer; ils s'épuisent sur des choses communes, et sont réduits à dire faiblement celles qui demanderaient une action véhémente. Il faut avouer même que notre nation n'est guère capable de cette véhémence : on est trop léger, et on ne conçoit pas assez fortement les choses. Les Romains, et encore plus les Grecs étaient admirables, en ce genre; les Orientaux y ont excellé, particulièrement les Hébreux. Rien n'égale la vivacité et la force, non-seulement des figures, qu'ils employaient dans leurs discours, mais encore des actions qu'ils faisaient pour exprimer leurs sentiments, comme de mettre de la cendre sur leurs têtes, de déchirer leurs habits, et de se couvrir de sacs dans la douleur. Je ne parle point des choses que les Prophètes faisaient pour figurer plus vivement les choses qu'ils voulaient prédire, à cause qu'elles étaient inspirées de Dieu. Mais les inspirations divines à part, nous voyons que ces gens-là s'entendaient bien autrement que nous à exprimer leur douleur, leur crainte et leurs autres passions. De là venaient sans doute ces grands effets de l'Eloquence que nous ne voyons plus.

B. Vous voudrez donc beaucoup d'inégalité dans la voix et dans le geste.

A. C'est là ce qui rend l'action si puissante, et qui la faisait mettre par Démosthène au-dessus de tout. Plus l'action et la voix paraissent simples et familières dans les endroits où l'on ne fait qu'instruire, que raconter, que s'insinuer, plus préparent-elles de surprises et d'émotion pour les endroits où elles s'élèveront à un enthousiasme soudain. C'est une espèce de musique : toute la beauté consiste dans la variété des tons, qui haussent ou qui baissent selon les choses qu'ils doivent exprimer.

B. Mais, si l'on vous en croit, nos principaux orateurs mêmes sont bien éloignés du véritable art. Le prédicateur que nous entendîmes ensemble il y a quinze jours ne suit pas cette règle; il ne paraît pas même s'en mettre en peine. Excepté les trente premières paroles, il dit tout d'un même ton; et toute la différence qu'il y a entre les endroits où il veut s'animer, et ceux où il ne le veut pas, c'est que dans les premiers il parle encore plus rapidement qu'à l'ordinaire.

A. Pardonnez-moi, Monsieur, sa voix a deux tons ; mais ils ne sont guère proportionnés à ses paroles. Vous avez raison de dire qu'il ne s'attache point à ses règles ; je crois qu'il n'en a pas même senti le besoin. Sa voix est naturellement mélodieuse : quoique très mal ménagée, elle ne laisse pas de plaire ; mais vous voyez bien qu'elle ne fait dans l'âme aucune des impressions touchantes qu'elle ferait, si elle avait toutes les inflexions qui expriment les sentiments. Ce sont de belles cloches dont le son est clair, plein, doux et agréable ; mais après tout des cloches qui ne signifient rien, qui n'ont point de variété, ni par conséquent d'harmonie et d'éloquence.

B. Mais cette rapidité de discours a pourtant beaucoup de grâces.

A. Elle en a sans doute, et je conviens que dans certains endroits vifs il faut parler plus vite ; mais parler avec précipitation et ne pouvoir se retenir, est un grand défaut. Il y a des choses qu'il faut appuyer. Il en est de l'action et de la voix comme des vers ; il faut quelquefois une mesure lente et grave, qui peigne les choses de ce caractère, comme il faut quelquefois une mesure courte et impétueuse pour signifier ce qui est vif et ardent. Se servir toujours de la même action et de la même mesure de voix, c'est comme qui donnerait le même remède à toutes sortes de malades. Mais il faut pardonner à ce prédicateur l'uniformité de voix et d'action ; car, outre qu'il a d'ailleurs des qualités très estimables, de plus ce défaut lui est nécessaire. N'avons-nous pas dit qu'il faut que l'action de la voix accompagne toujours les paroles ? Son style est tout uni, il n'a aucune variété ; d'un côté, rien de familier, d'insinuant et de populaire ; de l'autre, rien de vif, de figuré et de sublime : c'est un cours régulier de paroles qui se pressent les unes les autres ; ce sont des éducations exactes, des raisonnements bien suivis et concluants, des portraits fidèles : en un mot, c'est un homme qui parle en termes propres, qui dit des choses très sensées. Il faut même reconnaître que la Chaire lui a de grandes obligations ; il l'a tirée de la servitude des déclamateurs et il l'a remplie avec beaucoup de force et de dignité. Il est très capable de convaincre ; mais je ne connais guère de prédicateur qui persuade et qui touche moins. Si vous y prenez garde, il n'est pas même fort instruit ; car outre qu'il n'a aucune manière insinuante et familière, ainsi que nous l'avons déjà remarqué ailleurs, il n'a rien d'affectueux, de sensible ; ce sont des raisonnements qui demandent de la contention d'esprit. Il ne reste presque rien de tout ce qu'il a dit dans la tête de ceux qui l'ont écouté : c'est un torrent qui a passé tout d'un coup, et qui laisse son lit à sec. Pour faire une impression durable, il faut aider les esprits, en touchant les passions : les instructions sèches ne peuvent guère réussir. Mais ce que je trouve le moins naturel en ce prédicateur, est qu'il donne à ses bras un mouvement continuel, pendant qu'il n'y a ni mouvement ni figures dans ses paroles. A un tel style il faudrait une action commune de conversation ; ou bien il faudrait à cette action impétueuse un style plein de saillies et de véhémence ; encore faudrait-il, comme nous l'avons dit, ménager mieux cette véhémence, et la rendre moins uniforme. Je conclus que c'est un grand homme qui n'est point orateur. Un missionnaire de village qui sait effrayer et faire couler les larmes frappe bien plus au but de l'Eloquence.

B. Mais quel moyen de connaître en détail les gestes et les inflexions de voix conformes à la nature ?

A. Je vous l'ai déjà dit : tout l'art des bons orateurs ne consiste qu'à observer ce que la nature fait quand elle n'est point retenue. Ne faites point comme ces mauvais orateurs, qui veulent toujours déclamer et ne jamais parler à leurs auditeurs : il faut au contraire que chacun de vos auditeurs s'imagine que vous parlez à lui en particulier. Voilà à quoi servent les tons naturels, familiers et insinuants. Il faut à la vérité qu'ils soient toujours graves et modestes, il faut même qu'ils deviennent puissants et pathétiques dans les endroits où le discours s'échauffe. N'espérez pas exprimer les passions par le seul effort de la voix ; beaucoup de gens, en criant et en s'agitant, ne font qu'étourdir. Pour réussir à peindre les passions, il faut étudier les mouvements qu'elles inspirent. Par exemple, remarquez ce que font les yeux, ce que font les mains, ce que fait tout le corps, et quelle est sa posture ; ce que fait la voix d'un homme, quand il est pénétré de douleur, ou surpris à la vue d'un objet étonnant. Voilà la nature qui se montre à vous, vous n'avez qu'à la suivre. Si vous employez l'art, cachez-le si bien par l'imitation, qu'on le prenne pour la nature même. Mais à dire le vrai, il en est des orateurs comme des poètes qui font des élégies ou d'autres vers passionnés. Il faut sentir la passion pour la bien peindre ; l'art, quelque grand qu'il soit, ne parle point comme la passion **véritable**. Ainsi vous serez toujours un orateur très imparfait, si vous n'êtes **pénétré** des sentiments que vous voulez peindre et inspirer aux autres ; **et ce** n'est pas par spiritualité que je dis ceci, je ne parle qu'en orateur.

B. Je comprends cela : mais vous nous avez parlé des yeux : ont-ils leur éloquence ?

A. N'en doutez pas. Cicéron et tous les autres anciens l'assurent. Rien ne parle tant que le visage, il exprime tout ; mais dans le visage les yeux font le principal effet ; un seul regard jeté bien à propos pénètre dans le fond des cœurs.

B .Que pensez-vous de l'orateur qui répète ce qu'il a appris par cœur ?

A. Un orateur habile et expérimenté proportionne les choses à l'impression qu'il voit qu'elles font sur l'auditeur ; il remarque fort bien ce qui entre et ce qui n'entre pas dans l'esprit, ce qui attire l'attention, ce qui touche les cœurs et ce qui ne fait point ces effets. Il les revêt d'images et de comparaisons plus sensibles ; ou bien il remonte aux principes d'où dépendent des vérités qu'il veut persuader ; ou bien il tâche de guérir les passions qui empêchent ces vérités de faire impression. Voilà le véritable art d'instruire et de persuader ; sans ces moyens on ne fait que des déclamations vagues et infructueuses. Voyez combien l'orateur qui ne parle que par cœur est loin de ce but. Représentez-vous un homme qui n'oserait dire que sa leçon ; tout est nécessairement compassé dans son style, et il lui arrive ce que Denys d'Halicarnasse remarque qui est arrivé à Isocrate : sa composition est meilleure à être lue qu'à être prononcée. D'ailleurs, quoi qu'il fasse, ses inflexions de voix sont uniformes et toujours un peu forcées ; ce n'est point un homme qui parle, c'est un orateur qui récite ou qui déclame : son action est contrainte ; ses yeux trop arrêtés marquent que sa mémoire travaille, et il ne peut s'abandonner à un mouvement extraordinaire sans se mettre en danger de perdre le fil de son discours. L'auditeur, voyant l'art si à découvert, bien loin d'être saisi et transporté hors de lui-même, comme il le faudrait, observe froidement tout l'artifice du discours.

B. Mais les anciens orateurs ne faisaient-ils pas ce que vous condamnez ?

A. Je crois que non.

B. Quoi! vous croyez que Démosthène et Cicéron ne savaient

point par cœur ces harangues si achevées que nous avons d'eux?

A. Nous voyons bien qu'ils les écrivaient ; mais nous avons plusieurs raisons de croire qu'ils ne les apprenaient point par cœur mot à mot. Les discours mêmes de Démosthène, tels qu'ils sont sur le papier, marquent bien plus la sublimité et la véhémence d'un grand génie, accoutumé à parler fortement des affaires publiques, que l'exactitude et la politesse d'un homme qui compose. Pour Cicéron, on voit en divers endroits de ses harangues des choses nécessairement imprévues ; mais rapportons-nous-en à lui-même sur cette matière. Il veut que l'Orateur ait beaucoup de mémoire : il parle même de la mémoire artificielle comme d'une invention utile ; mais tout ce qu'il en dit ne marque point que l'on doive apprendre mot à mot par cœur ; au contraire, il paraît se borner à vouloir qu'on range exactement dans sa tête toutes les parties de son discours, et que l'on prémédite les figures et les principales expressions qu'on doit employer, se réservant d'y ajouter sur-le-champ ce que le besoin et la vue des objets pourrait inspirer ; c'est pour cela même qu'il demande tant de diligence et de présence d'esprit dans l'Orateur.

B. Permettez-moi de vous dire que tout cela ne me persuade point ; je ne puis croire qu'on parle si bien quand on parle sans avoir réglé toutes ses paroles.

C. Et moi je comprends bien ce qui vous rend si incrédule ; c'est que vous jugez de ceci par une expérience commune. Si les gens qui apprennent leurs sermons par cœur prêchaient sans cette préparation, ils prêcheraient apparemment fort mal. Je ne m'en étonne pas, ils ne sont pas accoutumés à suivre la nature ; ils n'ont songé qu'à apprendre à écrire, et encore à écrire avec affectation. Jamais ils n'ont songé à apprendre à parler d'une manière noble, forte et naturelle. D'ailleurs la plupart n'ont pas assez de fonds de doctrine pour se fier à eux-mêmes. La méthode d'apprendre par cœur met je ne sais combien d'esprits bornés et superficiels en état de faire des discours publics avec quelque éclat ; il ne faut qu'assembler un certain nombre de passages et de pensées : si peu qu'on ait de génie et de secours, on donne avec du temps une forme polie à cette matière. Mais pour le reste il faut une méditation sérieuse des premiers principes, une connaissance étendue des mœurs, la lecture de l'antiquité, de la force de raisonnement et d'action. N'est-ce pas là, Monsieur, ce que vous demandez de l'orateur qui n'apprend point par cœur ce qu'il doit dire ?

A. Vous l'avez très bien expliqué. Je crois seulement qu'il faut ajouter que quand ces qualités ne se trouveront pas éminemment dans un homme, il ne laissera pas de faire de bons discours, pourvu qu'il ait de la solidité d'esprit, un fonds raisonnable de science, et quelque facilité de parler. Dans cette méthode, comme dans l'autre, il y aurait divers degrés d'orateurs. Remarquez encore que la plupart des gens qui n'apprennent point par cœur ne se préparent assez : il faudrait étudier son sujet par une profonde méditation, préparer tous les mouvements qui peuvent toucher, et donner à tout cela un ordre qui servît même à mieux remettre les choses dans leur point de vue.

B. Vous nous avez déjà parlé plusieurs fois de cet ordre ; voulez-vous autre chose qu'une division ? N'avez-vous, pas encore sur cela quelque opinion singulière ?

A. Vous pensez vous moquer ; je ne suis pas moins bizarre sur cet article que sur les autres.

B. Je crois que vous le dites sérieusement.

A. N'en doutez pas. Puisque nous sommes en train, je m'en vais vous montrer combien l'ordre manque à la plupart des orateurs.

B. Puisque vous aimez tant l'ordre, les divisions ne vous déplaisent pas.

A. Je suis bien éloigné de les approuver.

B. Pourquoi donc ? ne mettent-elles pas l'ordre dans un discours ?

A. Je m'en vais vous le dire. On ne divisait pas un discours, mais on y distinguait soigneusement toutes les choses qui avaient besoin d'être distinguées. On assignait à chacune sa place, et on examinait attentivement en quel endroit il fallait placer chaque chose pour la rendre plus propre à faire impression. Souvent une chose qui, dite d'abord, n'aurait paru rien, devient décisive, lorsqu'elle est réservée pour un autre endroit, où l'auditeur sera préparé par d'autres choses à en sentir toute la force. Souvent un mot qui a trouvé heureusement sa place y met la vérité enveloppée jusqu'à la fin : c'est Cicéron qui nous l'assure. Il doit y avoir partout un enchaînement de preuves ; il faut que la première prépare à la seconde, et que la seconde soutienne la première. On doit d'abord montrer en gros tout sujet, et prévenir favorablement l'auditeur par un début modeste et insinuant, par un air de probité et de candeur ; ensuite on établit les principes, puis on pose les faits d'une manière simple, claire et sensible, appuyant sur .les circonstances dont on devra se servir bientôt après. Des principes, des faits, on tire les conséquences ; et il faut disposer le raisonnement de manière que toutes les preuves s'entr'aident pour être facilement retenues. On doit faire en sorte que le discours aille toujours croissant, et que l'auditeur sente de plus en plus le poids de la vérité. Alors il faut déployer les images vives, et les mouvements propres à exciter les passions. Pour cela, il faut connaître la liaison que les passions ont entr'elles, celles qu'on peut exciter d'abord plus facilement, et qui peuvent servir à émouvoir les autres ; celles enfin qui peuvent produire les plus grands effets, et par lesquelles il faut terminer le discours. Il est souvent à propos de faire à la fin une récapitulation qui recueille en peu de mots toute la force de l'Orateur, et qui remette devant les yeux tout ce qu'il a dit de plus persuasif. Au reste, il ne faut pas garder scrupuleusement cet ordre d'une manière uniforme : chaque sujet a ses propriétés. Ajoutez que dans cet ordre même on peut trouver une variété presque infinie. Cet ordre, qui nous est à peu près marqué par Cicéron, ne peut pas, comme vous le voyez, être suivi dans un discours coupé en trois, ni observé dans chaque point en particulier. Il faut donc un ordre, Monsieur, mais un ordre qui ne soit point promis et découvert dès le commencement du discours. Cicéron dit que le meilleur presque toujours est de le cacher, et d'y mener l'auditeur sans qu'il s'en aperçoive. Il dit même en termes formels, car je m'en souviens, qu'il doit cacher jusqu'au nombre de ses preuves, en sorte qu'on ne puisse les compter, qu'elles soient distinctes par elles-mêmes, et qu'il ne doit point y avoir de division du discours clairement marquée.

C. Mais les divisions ne servent-elles pas pour soulager l'esprit et la mémoire de l'auditeur ? C'est pour l'instruction qu'on le fait.

A. La division soulage la mémoire de celui qui parle. Encore même un ordre naturel, sans être marqué, ferait mieux cet effet ; car la véritable liaison des matières conduit l'esprit. Mais pour les divisions, elles n'aident que les gens qui ont étudié, et que l'Ecole a accoutumés à cette méthode ; et si le peuple retient mieux la division que le reste, c'est qu'elle a été plus souvent répétée. Généralement parlant, les choses sensibles et de pratique sont celles qu'il retient le mieux.

B. L'ordre que vous proposez peut être bon sur certaines matières, mais il ne convient pas à toutes ; on n'a pas toujours des faits à poser.

6

A. Quand on n'en a point, on s'en passe ; mais il n'y a guère de matières où l'on en manque. Une des beautés de Platon est de mettre d'ordinaire dans le commencement de ses ouvrages de morale des histoires et des traditions, qui sont comme le fondement de toute la suite du discours. Cette méthode convient bien davantage à ceux qui prêchaient la Religion ; car tout y est tradition, tout y est histoire, tout y est antiquité.

B. Il y a déjà longtemps que vous nous parlez ; j'ai honte de vous arrêter davantage : cependant la curiosité m'entraîne ; permettez-moi de vous faire encore quelques questions sur les règles du discours.

A. Volontiers, je ne suis pas encore las, et il me reste un moment à donner à la conversation.

B. Vous voulez bannir sévèrement du discours tous les ornements frivoles : mais apprenez-moi par des exemples sensibles à les distinguer de ceux qui sont solides et naturels.

A. Aimez-vous les fredons (1) dans la musique? N'aimez-vous pas mieux ces tons animés qui peignent les choses, et qui expriment les passions?

B. Oui, sans doute ; les fredons ne font qu'amuser l'oreille : ils ne signifient rien, ils n'excitent aucun sentiment. Autrefois notre musique en était pleine : aussi n'avait-elle rien que de confus et de faible ; présentement on a commencé à se rapprocher de la musique des anciens. Cette musique est une espèce de déclamation passionnée ; elle agit fortement sur l'âme.

A. Je savais bien que la Musique, à laquelle vous êtes fort sensible, me servirait à vous faire entendre ce qui regarde l'Eloquence ; aussi faut-il qu'il y ait une espèce d'éloquence dans la Musique même ; on doit rejeter les fredons dans l'Eloquence aussi bien que dans la Musique. Ne comprenez-vous pas maintenant ce que j'appelle discours fredonnés, certains jeux de mots qui reviennent toujours comme des refrains, certains bourdonnements de périodes languissantes et uniformes? Voilà la fausse éloquence qui resemble à la mauvaise musique.

B. Mais encore, rendez-moi cela un peu plus sensible.

A. La lecture des bons et des mauvais orateurs vous formera un goût plus sûr que toutes les règles. Cependant il est aisé de vous satisfaire en vous rapportant quelques exemples. Je n'en

(1) Vieux mot qui signifie *roulades*.

prendrai point dans notre siècle, quoiqu'il soit fertile en faux ornements. Pour ne blesser personne, revenons à Isocrate : aussi bien est-ce le modèle des discours fleuris [et périodiques qui sont maintenant à la mode. Avez-vous lu cet éloge d'Hélène qui est si célèbre?

B. Oui, je l'ai lu autrefois.

A. Comment vous parut-il?

B. Admirable : je n'ai jamais vu tant d'esprit, d'élégance, de douceur, d'invention et de délicatesse. Je vous avoue qu'Homère, que je lus ensuite, ne me parut point avoir les mêmes traits d'esprit. Présentement que vous m'avez marqué le véritable but des poètes et des orateurs, je vois bien qu'Homère est autant au-dessus d'Isocrate que son art est caché, et que celui de l'autre paraît. Mais enfin je fus alors charmé d'Isocrate, et je le serais encore si vous ne m'aviez détrompé. M*** est l'Isocrate de notre temps ; et je vois bien qu'en montrant le faible de cet orateur, vous faites le procès de tous ceux qui recherchent cette éloquence fleurie et efféminée.

C. Je vois bien que vous ne voulez point de ces tours ingénieux, qui ne sont ni des raisons solides et concluantes, ni des mouvements naturels et affectueux. L'exemple même d'Isocrate que vous apportez, quoiqu'il soit sur un sujet frivole, ne laisse pas d'être bon ; car tout ce clinquant convient encore bien moins aux sujets sérieux et solides.

A. Revenons, Monsieur, à Isocrate. Ai-je donc eu tort de parler de cet orateur comme Cicéron nous assure qu'Aristote en parlait?

B. Qu'en dit Cicéron?

A. Qu'Aristote voyant qu'Isocrate avait transporté l'Eloquence de l'action et de l'usage à l'amusement et à l'ostentation, et qu'il attirait par là les plus considérables disciples, il lui appliqua un vers de *Philoctète*, pour marquer combien il était honteux de se taire et d'entendre ce déclamateur. En voilà assez, il faut que je m'en aille.

B. Vous ne vous en irez point encore, Monsieur. Vous ne voulez donc point d'antithèses?

A. Pardonnez-moi : quand les choses qu'on dit sont naturellement opposées les unes aux autres, il faut en marquer l'opposition. Ces antithèses-là sont naturelles, et font sans doute une beauté solide ; alors c'est la manière la plus courte et la plus simple d'exprimer les choses. Mais chercher un détour pour trouver une batterie de mots, cela est puéril. D'abord les gens de mauvais goût en sont éblouis, mais dans la suite ces affectations fatiguent l'auditeur. Connaissez-vous l'architecture de nos vieilles églises qu'on nomme gothique (1) ?

B. Oui, je la connais : on la trouve partout.

A. N'avez-vous pas remarqué ces roses, ces points, ces ornements coupés et sans dessin suivi, enfin tous ces colifichets dont elle est pleine? Voilà en Architecture ce que les antithèses et les autres jeux de mots sont dans l'Éloquence. L'architecture grecque est bien plus simple ; elle n'admet que des ornements majestueux et naturels, on n'y voit rien que de grand, de proportionné, de mis en sa place. Cette architecture qu'on appelle gothique, nous est venue des Arabes. Ces sortes d'esprits étant fort vifs, et n'ayant ni règle ni culture, ne pouvaient manquer de se jeter dans de fausses subtilités. De là leur vint ce mauvais goût en toutes choses. Ils ont été sophistes en raisonnements, amateurs de colifichets en Architecture, et inventeurs de pointes en Poésie et en Éloquence. Tout cela est du même génie.

B. Cela est fort plaisant. Selon vous, un sermon plein d'antithèses et d'autres semblables ornements est fait comme une église bâtie à la gothique.

A. Oui, c'est précisément cela.

B. Encore une question, je vous prie, et puis je vous laisse.

A. Quoi?

B. Il me semble qu'il est bien difficile de traiter en style noble les détails, et cependant il faut le faire, quand on veut être solide comme vous demandez qu'on le soit. De grâce, un mot là-dessus.

A. On a tant de peur dans notre nation d'être bas, qu'on est d'ordinaire sec et vague dans les expressions. Veut-on louer un saint? on cherche des phrases magnifiques; on dit qu'il était admirable, que ses vertus étaient célestes, que c'était un ange et non pas un homme ; ainsi tout se passe en exclamations sans preuves et sans peinture. Tout au contraire, les Grecs se servaient peu de tous ces termes généraux qui ne prouvent rien, mais ils

(1) A la manière dont Fénelon parle du style gothique, il est aisé de voir que malgré lui peut-être, séduit par la prétendue *renaissance,* il appréciait mal les œuvres, cependant bien remarquables, du moyen-âge. Aujourd'hui il parlerait autrement. *(Note des Éditeurs.)*

disaient beaucoup de faits. Par exemple, Xénophon dans toute la Cyropédie ne dit pas une fois que Cyrus était admirable, mais il le fait partout admirer. C'est ainsi qu'il faudrait louer les saints en montrant le détail de leurs sentiments et de leurs actions. Nous avons là-dessus une fausse politesse semblable à celle de certains provinciaux qui se piquent de bel esprit. Ils n'osent rien dire qui ne leur paraisse exquis et relevé ; ils sont toujours guindés, et croiraient se trop abaisser en nommant les choses par leurs noms. Tout entre dans les sujets que l'Eloquence doit traiter. La Poésie même, qui est le genre le plus sublime, ne réussit qu'en peignant les choses avec toutes leurs circonstances. Voyez Virgile représentant les navires troyens qui quittent le rivage d'Afrique ou qui arrivent sur la côte d'Italie : tout le détail y est peint. Mais il faut avouer que les Grecs poussaient encore plus loin le détail, et suivaient plus sensiblement la nature. A cause de ce grand détail, bien des gens, s'ils l'osaient, trouveraient Homère trop simple. Par cette simplicité si originale, et dont nous avons tant perdu le goût, ce poète a beaucoup de rapport avec l'Ecriture ; mais l'Ecriture le surpasse autant qu'il a surpassé tout le reste de l'antiquité, pour peindre naïvement les choses. En faisant un détail, il ne faut rien présenter à l'esprit de l'auditeur qui ne mérite son attention, et qui ne contribue à l'idée qu'on veut lui donner. Ainsi il faut être judicieux pour le choix des circonstances ; mais il ne faut point craindre de dire tout ce qui sert ; et c'est une politesse mal entendue que de supprimer certains endroits utiles, parce qu'on ne les trouve pas susceptibles d'ornements ; outre qu'Homère nous apprend assez, par son exemple, qu'on peut embellir en leur manière tous les sujets. D'ailleurs il faut reconnaître que tout discours doit avoir ses inégalités. Il faut être grand dans les grandes choses ; il faut être simple, sans être bas, dans les petites ; il faut tantôt de la naïveté et de l'exactitude, tantôt de la sublimité et de la véhémence. Un peintre qui ne représenterait jamais que des palais d'une architecture somptueuse ne ferait rien de vrai, et lasserait bientôt. Il faut suivre la nature dans ses variétés : après avoir peint une superbe ville, il est souvent à propos de faire voir un désert et des cabanes de bergers. La plupart des gens qui veulent faire de beaux discours cherchent sans choix également partout la pompe des paroles : ils croient avoir tout fait, pourvu qu'ils aient fait un amas de grand mots et de pensées vagues. Il ne songent qu'à charger leurs discours d'ornements ; semblables aux méchants cuisiniers qui ne savent rien assaisonner avec justesse, et qui croient donner un goût exquis aux viandes en y mettant beaucoup de sel et de poivre. La véritable éloquence n'a rien d'enflé ni d'ambitieux ; elle se modère et se proportionnè aux sujets qu'elle traite, et aux gens qu'elle instruit ; elle n'est grande et sublime que quand il faut l'être.

B. Ce mot que vous nous avez dit de l'Ecriture sainte me donne un désir extrême que vous m'en fassiez sentir la beauté ; ne pourrons-nous point vous avoir demain à quelque heure ?

A. Demain il me sera difficile ; je tâcherai pourtant de venir le soir. Puisque vous le voulez, nous parlerons de la parole de Dieu ; car jusqu'ici nous n'avons parlé que de celle des hommes.

C. Adieu, Monsieur : je vous conjure de nous tenir parole. Si vous ne venez pas, nous vous irons chercher.

DIALOGUE III.

———

B. Nous avons grand besoin d'achever la matière [entamée. Parlons ici de l'Ecriture. Vous nous disiez hier qu'elle est éloquente. Je fus ravis de vous l'entendre dire, et je voudrais bien que vous m'apprissiez à en connaître les beautés. En quoi consiste cette éloquence? Le latin m'y paraît barbare en beaucoup d'endroits; je n'y trouve point de délicatesse de pensées. Où est donc ce que vous admirez?

A. Le latin n'est qu'une version littérale, où l'on a conservé par respect beaucoup de phrases hébraïques et grecques. Méprisez-vous Homère, parce que nous l'avons traduit en mauvais français?

B. Mais le grec lui-même (car il est original pour presque tout le Nouveau-Testament) [1], me paraît fort mauvais.

A. J'en conviens. Les Apôtres qui ont écrit en grec savaient mal cette langue, comme les autres Juifs hellénistes de leur temps. De là vient ce que dit saint Paul, *imperitus sermone, sed non scientia*. Il est aisé de voir que saint Paul avoue seulement qu'il ne sait pas bien la langue grecque, quoique d'ailleurs il leur explique exactement la doctrine des saintes Ecritures.

C. Mais les Apôtres n'eurent-ils pas le don des langues?

A. Ils l'eurent sans doute, et il passa même jusqu'à un grand nombre de simples fidèles. Mais pour les langues qu'ils savaient déjà par des voies naturelles, nous avons sujet de croire que Dieu les leur laissa parler comme ils les parlaient auparavant. Saint Paul, qui était de Tarse, parlait naturellement le grec corrompu des

———

(1) S. Matthieu avait écrit son Evangile non en grec, mais en hébreu, ou peut-être en syriaque. L'original n'existe plus, et l'on ne sait pas au juste quel est l'auteur de la traduction grecque qui nous en est restée. Tous les autres livres du Nouveau-Testament ent été écrits en grec d'original.

Juifs hellénistes. Nous voyons qu'il a écrit en cette manière. Saint Luc paraît l'avoir su un peu mieux (1).

C. Mais j'avais toujours compris que saint Paul voulait dire dans ce passage qu'il renonçait à l'éloquence, et qu'il ne s'attachait qu'à la simplicité de la doctrine évangélique. Oui sûrement, et je l'ai ouï dire à beaucoup de gens de bien, que l'Ecriture sainte n'est point éloquente. Saint Jérôme fut puni pour être dégoûté de sa simplicité, et pour aimer mieux Cicéron. Saint Augustin paraît, dans ses *Confessions*, avoir commis la même faute. Dieu n'a-t-il pas voulu éprouver notre foi, non-seulement par l'obscurité, mais encore par la bassesse du style de l'Ecriture, comme par la pauvreté de Jésus-Christ?

A. Monsieur, je crains que vous n'alliez trop loin. Qui croiriez-vous plutôt, ou de saint Jérôme puni pour avoir trop suivi dans sa retraite le goût des études de sa jeunesse, ou de saint Jérôme consommé dans la science sacrée et profane, qui invite Paulin, dans une épître, à étudier l'Ecriture sainte, et qui lui promet plus de charmes dans les Prophètes qu'il n'en a trouvé dans les poètes? Saint Augustin avait-il plus d'autorité dans sa première jeunesse, où la bassesse apparente du style de l'Ecriture, comme il le dit lui-même, le dégoûtait, que quand il a composé ses livres de la *Doctrine chrétienne*? Dans ces livres il dit souvent que saint Paul a eu une éloquence merveilleuse, et que ce torrent d'éloquence est capable de se faire sentir, pour ainsi dire, à ceux mêmes qui dorment. Il ajoute qu'en saint Paul la sagesse n'a point cherché la beauté des paroles, mais que la beauté des paroles est allée au-devant de la sagesse. Il rapporte de grands endroits de ses Epitres, où il fait voir tout l'art des orateurs profanes surpassé. Il excepte seulement deux choses dans cette comparaison : l'une, dit-il, que les orateurs profanes ont cherché les ornements de l'Eloquence, et que l'Eloquence a suivi naturellement saint Paul et les autres écrivains sacrés ; l'autre est que saint Augustin témoigne ne savoir pas assez les délicatesses de la langue grecque pour trouver dans les Ecritures saintes le nombre et la cadence des périodes, qu'on trouve dans les écrivains profanes. J'oubliais de vous dire qu'il rapporte cet endroit du prophète Amos : *Malheur à vous qui êtes opulents dans Sion, et qui vous confiez à la*

----

(1) Inutile de faire remarquer que les formes différentes de langue et de style n'ôtent rien à la divine valeur de l'Ecriture sainte.

(Note des Éditeurs.)

montagne de Samarie ! Il assure que le Prophète a surpassé en
cet endroit tout ce qu'il y a merveilleux dans les orateurs païens.

C. Mais comment entendez-vous ces paroles de saint Paul,
non in persuasibilibus humanæ sapientiæ verbis ? Ne dit-il pas
aux Corinthiens qu'il n'est point venu leur annoncer Jésus-
Christ avec la sublimité du discours et de la sagesse ? qu'il n'a
su parmi eux que Jésus, mais Jésus crucifié ? que sa prédication a
été fondée non sur les discours persuasifs de la sagesse humaine,
mais sur les effets sensibles de l'esprit et de la puissance de Dieu ?
afin, continue-il, que votre foi ne soit point fondée sur la sagesse
des hommes, mais sur la puissance divine (1). Que signifient donc
ces paroles, Monsieur ? Que pouvait-il dire de plus fort pour rejeter cet art de persuader que vous établissez ici ? Pour moi, je vous
avoue que j'ai été édifié quand vous avez blâmé tous les ornements
affectés que la vanité cherche dans le discours : mais la suite ne
soutient pas un si pieux commencement. Vous allez faire de la
prédication un art tout humain, et la simplicité apostolique en
sera bannie.

A. Vous êtes mal édifié de mon estime pour l'Eloquence, et
moi je suis fort édifié du zèle avec lequel vous m'en blâmez. Cependant, Monsieur, il n'est pas inutile de nous éclaircir là-dessus.
Je vois beaucoup de gens de bien qui, comme vous, croient que
les prédicateurs éloquents blessent la simplicité évangélique.
Pourvu que nous nous entendions, nous serons bientôt d'accord.
Qu'entendez-vous par simplicité ? Qu'entendez-vous par éloquence ?

C. Par simplicité, j'entends un discours sans art et sans magnificence ; par éloquence, j'entends au contraire un discours plein
d'art et d'ornements.

A. Quand vous demandez un discours simple, voulez-vous un
discours sans ordre, sans liaison, sans preuves solides et concluantes, sans méthode pour instruire les ignorants ? Voulez-vous

_____

(1) I *Cor.* II, 1-5. Voici tout le passage :

« Et ego, quum venissem ad vos, fratres, veni, non in sublimitate ser-
monis aut sapientiæ, annuntians vobis testimonium Christi.

» Non enim judicavi me scire aliquid inter vos, nisi Jesum Christum, et
hunc crucifixum.

» Et ego in infirmitate, et timore, multo fui apud vos :

» Et sermo meus et prædicatio mea, non in persuasibilibus humanæ
sapientiæ verbis, sed in ostensione spiritus et virtutis :

» Ut fides vestra non sit in sapientia hominum, sed in virtute Dei. »

un prédicateur qui n'ait rien de pathétique, et qui ne s'applique point à toucher les cœurs ?

C. Tout au contraire, je demande un discours qui instruise et qui touche.

A. Vous voulez donc qu'il soit éloquent ; car nous avons déjà vu que l'Eloquence n'est que l'art d'instruire et de persuader les hommes en les touchant.

C. Je conviens qu'il faut instruire et toucher, mais je voudrais qu'on le fît sans art, et par la simplicité apostolique.

A. Voyons donc si l'art et la simplicité apostolique sont incompatibles. Qu'entendez-vous par art ?

C. J'entends certaines règles que l'esprit humain a trouvées, et qu'il suit dans le discours pour le rendre plus beau et plus poli.

A. Si vous n'entendez par art que ce talent de rendre un discours plus poli pour plaire aux auditeurs, je ne dispute point sur les mots, et j'avoue qu'il faut ôter l'art des sermons ; car cette vanité, comme nous l'avons vu, est digne de l'Eloquence, à plus forte raison du ministère apostolique. Ce n'est que sur cela que j'ai tant raisonné avec M. B. Mais, si vous entendez par art et par éloquence ce que tous les habiles d'entre les anciens ont entendu, il ne faudra pas raisonner de même.

C. Comment l'entendaient-ils donc ?

A. Selon eux, l'art de l'Eloquence comprend les moyens que la réflexion et l'expérience ont fait trouver pour rendre un discours propre à persuader la vérité, et à en exciter l'amour dans le cœur des hommes ; et c'est cela même que vous voulez trouver dans un prédicateur. Ne m'avez-vous pas dit tout à cette heure que voulez de l'ordre, de la méthode pour instruire, de la solidité de raisonnement, et des mouvements pathétiques, c'est-à-dire qui touchent et qui remuent les cœurs ? L'Eloquence n'est que cela. Appelez-la comme vous voudrez.

C. Je vois bien maintenant à quoi vous réduisez l'Eloquence. Sous cette forme sérieuse et grave, je la trouve digne de la Chaire, et nécessaire même pour instruire avec fruit. Mais comment entendez-vous le passage de saint Paul contre l'Eloquence ? Je vous en ai déjà dit les paroles : n'est-il pas formel ?

A. Permettez-moi de commencer par vous demander une chose.

C. Volontiers.

A. N'est-il pas vrai que saint Paul raisonne admirablement dans ses Epîtres ? Ses raisonnements contre les philosophes païens et contre les Juifs, dans l'Epître aux Romains, ne sont-ils pas beaux ? Ce qu'il dit sur l'impuissance de la loi pour justifier les hommes n'est-il pas fort?

C. Oui, sans doute.

A. Ce qu'il dit dans l'Epître aux Hébreux sur l'insuffisance des anciens sacrifices, sur le repos promis par David aux enfants de Dieu, outre celui dont ils jouissaient dans la Palestine depuis Josué, sur l'ordre d'Aaron et sur celui de Melchisédech, et sur l'alliance spirituelle et éternelle, qui devait nécessairement succéder à l'alliance charnelle, que Moïse avait apportée pour un temps; tout cela n'est-il pas d'un raisonnement subtil et profond?

C. J'en conviens.

A. Saint Paul n'a donc pas voulu exclure du discours la sagesse et la force du raisonnement?

C. Cela est visible par son propre exemple.

A. Pourquoi croyez-vous qu'il ait voulu plutôt en exclure l'Eloquence que la sagesse?

C. C'est parce qu'il rejette l'Eloquence dans le passage dont je vous demande l'explication.

A. N'y rejette-t-il pas aussi la sagesse? Sans doute. Ce passage est encore plus décisif contre la sagesse et le raisonnement humain, que contre l'Eloquence. Il ne laisse pourtant pas lui-même de raisonner et d'être éloquent. Vous convenez de l'un, et saint Augustin vous assure de l'autre.

C. Vous me faites parfaitement bien voir la difficulté, mais vous ne m'éclaircissez point. Comment expliquez-vous cela?

A. Le voici. Saint Paul a raisonné, saint Paul a persuadé ; ainsi il était dans le fond excellent philosophe et orateur. Mais sa prédication, comme il le dit dans le passage en question, n'a été fondée ni sur le raisonnement, ni sur la persuasion humaine : c'était un ministère dont toute la force venait d'en haut. La conversion du monde entier devait être, selon les Prophéties, le grand miracle du Christianisme. C'était ce royaume de Dieu qui venait du ciel, et qui devait soumettre au vrai Dieu toutes les nations de la terre. Jésus-Christ crucifié annoncé aux peuples devait attirer tout à lui, mais attirer tout par l'unique vertu de sa croix (1). Les philosophes avaient raisonné, sans convertir les hom-

_____

(1) Fénelon a développé cette idée dans son sermon *sur la vocation des Gentils,* qui est un de ses chefs-d'œuvre.

mes et sans se convertir eux-mêmes. Les Juifs avaient été les dé-
positaires d'une loi qui leur montrait leurs maux sans leur
apporter le remède. Tout était sur la terre convaincu d'égarement
et de corruption. Jésus-Christ vient avec sa croix, c'est-à-dire
qu'il vient pauvre, humble et souffrant pour nous. Pour imposer silence à notre raison vaine et présomptueuse, il ne
raisonne point, comme les philosophes ,mais il décide avec autorité par ses miracles et par sa grâce ; il montre qu'il est au-dessus
de tout ; pour confondre la fausse sagesse des hommes, il leur
oppose la folie et le scandale de sa croix, c'est-à-dire l'exemple
de ses profondes humiliations (1). Ce que le monde croit une folie,
ce qui le scandalise le plus, est ce qui le doit ramener à Dieu.
L'homme a besoin d'être guéri de son orgueil et de son amour
pour les choses sensibles. Dieu le prend par là : il lui montre son
fils crucifié. Ses Apôtres le prêchent, marchant sur ses traces. Ils
n'ont recours à nul moyen humain, ni philosophie, ni éloquence,
ni politique, ni richesse, ni autorité. Dieu, jaloux de son œuvre,
n'en veut devoir le succès qu'à lui-même. Il choisit ce qui est faible, il rejette ce qui est fort, afin de manifester plus sensiblement
sa puissance. Il tire tout du néant pour convertir le monde, comme
pour le former. Ainsi cette œuvre doit avoir ce caractère divin, de
n'être fondée sur rien d'estimable selon la chair. C'eût été affaiblir
et évacuer, comme dit saint Paul, la vertu miraculeuse de la
croix (2), que d'appuyer la prédication de l'Evangile sur les secours de la nature. Il fallait que l'Evangile, sans préparation humaine, s'ouvrît lui-même les cœurs, et qu'il apprît au monde par
ce prodige qu'il venait de Dieu. Voilà la sagesse humaine con-
fondue et réprouvée. Que faut-il conclure de là? Que la conversion des peuples et l'établissement de l'Eglise n'est point dû aux
raisonnements et aux discours persuasifs des hommes. Ce n'est
pas qu'il n'y ait eu de l'éloquence et de la sagesse dans la
plupart de ceux qui ont annoncé Jésus-Christ ; mais ils ne se
sont point confiés à cette sagesse et à cette éloquence, mais ils
ne l'ont point recherchée comme ce qui devait donner de l'effi-

(1) Voy. S. Paul, Irᵉ Ep. aux Corinthiens, ch. I, verset 17 et suivants.
(2) « Non in sapientia verbi, ut non evacuetur crux Christi. Verbum enim
crucis, pereuntibus quidem stultitia est, iis autem qui salvi fiunt, id est
nobis, Dei virtus est. » I *Cor.* I, 17-18. — Le mot *évacuer*, dans cette locution particulière, a le sens d'affaiblir, d'anéantir, comme le latin *eva-
cuare.*

cace à leurs paroles. Tout a été fondé, comme dit saint Paul, non sur les discours persuasifs de la philosophie humaine, mais sur les effets de l'esprit et de la vertu de Dieu, c'est-à-dire sur les miracles qui frappaient les yeux, et sur l'opération intérieure de la grâce.

C. C'est donc, selon vous-même, évacuer la croix du Sauveur, que de se fonder sur la sagesse et sur l'éloquence humaine en prêchant.

A. Oui, sans doute. Le ministère de la parole est tout fondé sur la foi. Il faut prier, il faut purifier son cœur (1), il faut attendre tout du ciel, il faut s'armer du glaive de la parole de Dieu, et ne compter point sur la sienne : voilà la préparation essentielle. Mais quoique le fruit intérieur de l'Evangile ne soit dû qu'à la pure grâce et à l'efficace de la parole de Dieu, il y a pourtant certaines choses que l'homme doit faire de son côté.

C. Jusqu'ici vous avez bien parlé; mais vous allez, je le vois bien, rentrer dans vos premiers sentiments.

A. Je ne pense pas en être sorti. Ne croyez-vous pas que l'ouvrage de notre salut dépend de la grâce?

C. Oui, cela est de foi.

A. Vous reconnaissez néanmoins qu'il faut de la prudence pour choisir certains genres de vie, et pour fuir les occasions dangereuses. Ne voulez-vous pas qu'on veille et qu'on prie ? Quand on aura veillé et prié aura-t-on évacué le ministère de la grâce ? non, sans doute. Nous devons tout à Dieu; mais Dieu nous assujétit à un ordre extérieur de moyens humains. Les Apôtres n'ont point cherché la vaine pompe et les grâces frivoles des orateurs païens ; ils ne se sont point attachés aux raisonnements subtils des philosophes, qui faisaient tout dépendre de ces raisonnements dans lesquels ils s'évaporaient, comme dit saint Paul. Ils se sont contentés de prêcher Jésus-Christ avec toute la force et toute la magnificence du langage de l'Ecriture. Il est vrai qu'ils n'avaient besoin d'aucune préparation pour ce ministère, parce que le Saint-Esprit descendu visiblement sur eux leur donnait à l'heure même des pa-

---

(1) Voy. S. Augustin, *de Doctr. christ.* IV, xv, 32. — On sait que Bossuet, par ses sermons à peine préparés, s'inspirait surtout par la méditation de l'Ecriture et par la prière. Fénelon faisait de même. « Tous ses sermons, dit Ramsay, étaient faits de l'abondance de son cœur. Il ne les écrivait point ; il ne les préméditait presque pas. Il se contentait de se renfermer dans son cabinet pour puiser dans l'oraison toutes ses lumières ; e tc.» *Hist. de la vie et des ouvrages de Fénelon* (1727), p. 87.

roles. La différence qu'il y a donc entre les Apôtres et leurs successeurs, n'étant pas inspiré miraculeusement comme eux, ont besoin de se préparer et de se remplir de la doctrine et de l'esprit des Ecritures pour former leurs discours. Mais cette préparation ne doit jamais tendre à parler moins simplement que les Apôtres.

C. J'avoue que l'Eloquence ne consistant, comme vous le dites, que dans l'ordre et dans la force des paroles par lesquelles on persuade et on touche, elle ne me scandalise plus comme elle le faisait. J'avais toujours pris l'Eloquence pour un art entièrement profane.

A. Deux sortes de gens en ont cette idée : les faux orateurs, et nous avons vu combien ils s'égarent en cherchant l'Eloquence dans une vaine pompe de paroles ; les gens de bien qui ne sont pas assez instruits, et pour ceux-là, vous voyez que, renonçant par humilité à l'Eloquence, comme à un faste de paroles, ils cherchent néanmoins l'éloquence véritable, puisqu'ils s'efforcent de persuader et de toucher.

C. J'entends maintenant tout ce que vous dites : mais revenons à l'éloquence de l'Ecriture.

A. Pour la sentir, rien n'est plus utile que d'avoir le goût de la simplicité antique ; surtout la lecture des anciens Grecs sert beaucoup à y réussir. Je dis des anciens ; car les Grecs que les Romains méprisaient tant avec raison, et qu'ils appelaient *Græculi*, avaient entièrement dégénéré. Comme je vous le disais hier, il faut connaître Homère, Platon, Xénophon et les autres des anciens temps. Après cela l'Ecriture ne vous surprendra plus; ce sont presque les mêmes coutumes, les mêmes narrations, les mêmes images des grandes choses, les mêmes mouvements. La différence qui est entre eux est toute entière à l'honneur de l'Ecriture. Elle les surpasse tous infiniment en naïveté, en vivacité, en grandeur (1). Jamais Homère même n'a approché de la sublimité de Moïse dans ses Cantiques, particulièrement le dernier, que tous les enfants des Israélites devaient apprendre par cœur. Jamais nulle ode grecque ou latine n'a pu atteindre à la hauteur des Psaumes. Par exemple, celui qui commence ainsi : *Le Dieu des Dieux, le Seigneur a parlé, et il a appelé la terre* (1), surpasse toute imagination humaine. Jamais Homère, ni aucun autre poète,

(1) Lowt et Châteaubriand entre autres ont mis cette vérité hors de toute contestation. La vraie éloquence, la vraie poésie se trouvent dans la Bible.
(Note des Éditeurs.)

(2) Psaume XLIX.

n'a égalé Isaïe peignant la majesté de Dieu aux yeux duquel les royaumes ne sont qu'un grain de poussière, l'univers qu'une tente qu'on dresse aujourd'hui et qu'on enlèvera demain (1). Tantôt ce prophète a toute la douceur et toute la tendresse d'une églogue, dans les riantes peintures qu'il fait de la paix (2), tantôt il s'élève jusqu'à laisser tout au-dessous de lui (3). Mais qu'y a-t-il dans l'antiquité profane de comparable au tendre Jérémie déplorant les maux de son peuple (4), ou à Nahum voyant de loin en esprit tomber la superbe Ninive sous les efforts d'une armée innombrable ? On croit voir cette armée, on croit entendre le bruit des armes et des chariots; tout est dépeint d'une manière vive qui saisit l'imagination. Il laisse Homère loin derrière lui. Lisez encore Daniel dénonçant à Balthasar la vengeance de Dieu toute prête à fondre sur lui (5), et cherchez dans les plus sublimes originaux de l'antiquité quelque chose qu'on puisse comparer à ces endroits-là. Au reste, tout se soutient dans l'Ecriture ; tout y garde le caractère qu'il doit avoir, l'histoire, le détail des lois, les descriptions, les endroits véhéments, les mystères, les discours de morale. Enfin, il y a autant de différence entre les poètes profanes et les Prophètes, qu'il y en a entre le véritable enthousiasme et le faux. Les uns, véritablement inspirés, expriment sensiblement quelque chose de divin ; les autres, s'efforçant de s'élever au-dessus d'eux-mêmes, laissent toujours voir en eux la faiblesse humaine. Il n'y a que le second Livre des Machabées, le Livre de la Sagesse, surtout à la fin, et celui de l'Ecclésiastique, surtout au commencement, qui se sentent de l'enflure du style que les Grecs, alors déjà déchus, avaient répandu dans l'Orient, où leur langue s'était établie avec leur domination. Mais j'aurais beau vouloir vous parler de ces choses, il faut les lire pour les sentir.

(1) « Ecce gentes quasi stilla situlæ, et quasi momentum stateræ reputatæ sunt : ecce insulæ quasi pulvis exiguus. » Ch. xl, v. 15. — « Agitatione agitabitur terra sicut ebrius, et auferetur quasi tabernaculum unius noctis. » Ch. xxiv, v. 20.

(2) Voy. ch. xi.

(3) Comme au chap, vi : « In anno quo mortuus est rex Ozias, vidi Dominum sedentem super solium excelsum et elevatum ; et ea quæ sub ipso erant replebant templum. Seraphim stabant super illud, etc. »

(4) Voyez le ch. ix de la *Prophétie*, et les cinq chapitres des *Thrènes* ou *Lamentations*.

(5) Dans le ch. v.

C. Je m'imagine bien que l'Ancien-Testament est écrit avec cette magnificence et ces peintures vives dont vous nous parlez. Mais vous ne dites rien de la simplicité des paroles de Jésus-Christ.

A. Cette simplicité de style est tout-à-fait du goût antique, elle est conforme et à Moïse, et aux Prophètes, dont il prend assez souvent les expressions. Mais quoique simple et familier, il est sublime et figuré en bien des endroits. Il serait aisé de montrer en détail, les livres à la main, que nous n'avons point de prédicateur en notre siècle qui ait été aussi figuré dans ses sermons les plus préparés, que Jésus-Christ l'a été dans ses prédications populaires (1). Je ne parle point de ses discours rapportés par saint Jean, où presque tout est sensiblement divin ; je parle de ses discours les plus familiers, écrits par les autres Evangélistes. Les Apôtres ont écrit de même, avec cette différence que Jésus-Christ, maître de sa doctrine, la distribue tranquillement. Il dit ce qu'il lui plaît, et il le dit sans aucun effort. Il parle du royaume et de la gloire céleste, comme de la maison de son père. Toutes ces grandeurs qui nous étonnent lui sont naturelles ; il y est né, et il ne dit que ce qu'il voit, comme il nous l'assure lui-même. Au contraire, les Apôtres succombent sous le poids des vérités qu'ils conçoivent : les paroles leur manquent. De là viennent ces transpositions, ces expressions confuses, ces liaisons de discours qui ne peuvent finir. Toute cette irrégularité de style marque dans saint Paul, et dans les autres Apôtres, que l'esprit de Dieu entraînait le leur. Mais nonobstant ces petits désordres pour la diction, tout y est noble, vif et touchant. Pour l'Apocalypse, on y trouve la même magnificence et le même enthousiasme que dans les Prophètes. Les expressions sont souvent les mêmes, et quelquefois ce rapport fait qu'ils s'aident mutuellement à être entendus. Vous voyez donc que l'éloquence n'appartient pas seulement aux livres de l'Ancien-Testament, mais qu'elle se trouve aussi dans le Nouveau.

C. Supposé que l'Ecriture soit éloquente, qu'en voulez-vous conclure ?

A. Que ceux qui doivent la prêcher peuvent sans scrupule imiter ou plutôt emprunter son éloquence (2).

_____

(1) *Sermon sur la montagne*, dans S. Mathieu, ch. v-vii.

(2) « Le prédicateur évangélique est celui qui fait parler Jésus-Christ ; mais il ne lui fait pas tenir un langage d'homme, il craint de donner un

B. Mais il faudrait donc, comme je vous disais, expliquer de suite le texte ?

A. Je ne voudrais pas y assujétir tous les prédicateurs. On peut faire des sermons sur l'Ecriture, sans expliquer l'Ecriture de suite. Mais il faut avouer que ce serait tout autre chose, si les pasteurs, suivant l'ancien usage, expliquaient de suite les saints Livres au peuple. Représentez-vous quelle autorité aurait un homme qui ne dirait rien de sa propre invention, et qui ne ferait que suivre et expliquer les pensées et les paroles de Dieu même. D'ailleurs il ferait deux choses à la fois : en expliquant les vérités de l'Ecriture, il en expliquerait le texte, et accoutumerait les chré-tiens à joindre toujours le sens et la lettre. Quel avantage pour les accoutumer à se nourrir de ce pain sacré ! Un auditoire qui aurait déjà entendu expliquer toutes les principales choses de l'ancienne Loi, serait bien autrement en état de profiter de l'ex-plication de la nouvelle, que ne le sont la plupart des chrétiens d'aujourd'hui. Sans doute il faut frapper les peuples par des images vives et terribles ; mais c'est dans l'Ecriture qu'on appren-drait à faire ces grandes impressions. De là vient ce que vous voyez dans les Constitutions Apostoliques, qui exhortent les fidè-les à ne lire point les auteurs païens. Si vous voulez de l'his-toire, dit ce livre, si vous voulez des lois, des préceptes moraux, de l'éloquence, de la poésie, vous trouverez tout dans les Ecritu-res. En effet, on n'a pas besoin, comme nous l'avons vu, de cher-cher ailleurs ce qui peut former le goût et le jugement pour l'E-loquence même. Saint Augustin dit que plus on est pauvre de son propre fonds, plus on doit s'enrichir dans ces sources sacrées; et qu'étant par soi-même trop petit pour exprimer de si grandes choses, on a besoin de croître par cette autorité de l'Ecriture

corps étranger à sa vérité éternelle. C'est pourquoi il puise tout dans les Ecritures ; il en emprunte même les termes sacrés, non-seulement pour fortifier, mais pour embellir son discours. Dans le désir qu'il a de gagner les âmes, il ne cherche que les choses et les sentiments. Ce n'est pas, dit saint Augustin, qu'il néglige quelques ornements de l'élocution, quand il les rencontre en passant, et qu'il les voit comme fleurir devant lui par la force des bonnes pensées qui les poussent; mais aussi n'affecte-t-il pas de s'en trop parer, et tout appareil lui est bon, pourvu qu'il soit un mi-roir où Jésus-Christ paraisse en sa vérité, un canal d'où sortent en leur pureté les eaux vives de son Evangile, ou s'il faut quelque chose de plus animé, un interprète fidèle qui n'altère, ni ne détourne, ni ne mêle, ni n'af-faiblisse sa sainte parole. » Bossuet, *Sermon sur la parole de Dieu,* Ier point.

7

Mais je vous demande pardon de vous avoir interrompu. Continuez. s'il vous plaît, Monsieur.

C. Hé bien ! contentons-nous de l'Ecriture. Mais n'y ajouterons-nous pas les Pères ?

A. Sans doute : ils sont nos maîtres. C'étaient des esprits très élevés, de grandes âmes pleines de sentiments héroïques ; des gens qui avaient une expérience merveilleuse des esprits et des mœurs des hommes ; qui avaient acquis une grande autorité et une grande facilité de parler. On voit même qu'ils étaient très polis, c'est-à-dire parfaitement instruits de toutes les bienséances, soit pour écrire, soit pour parler en public, soit pour converser familièrement, soit pour remplir toutes les fonctions de la vie civile. Sans doute tout cela devait les rendre fort éloquents et fort propres à gagner les hommes. Aussi trouve-t-on dans leurs écrits une politesse, non-seulement de paroles, mais de sentiments et de mœurs, qu'on ne trouve point dans les écrivains des siècles suivants. Cette politesse, qui s'accorde très bien avec la simplicité, et qui les rendait gracieux et insinuants, faisait de grands effets pour la Religion. C'est ce qu'on ne saurait trop étudier en eux. Ainsi, après l'Ecriture, voilà les sources pures des bons sermons.

C. Je voudrais qu'un prédicateur expliquât toute la Religion ; qu'il la développât d'une manière sensible ; qu'il montrât l'institution des choses ; qu'il en marquât la suite et la tradition ; qu'en montrant ainsi l'origine et l'établissement de la Religion, il détruisît les objections des libertins, sans entreprendre ouvertement de les attaquer, de peur de scandaliser les simples fidèles.

A. Vous dites très bien ; car la véritable manière de prouver la vérité de la Religion est de la bien expliquer. Elle se prouve elle-même, quand on en donne la vraie idée. Toutes les autres preuves qui ne sont pas tirées du fond et des circonstances de la Religion même, lui sont comme étrangères. Par exemple, la meilleure preuve de la création du monde, du déluge, et des miracles de Moïse, c'est la nature de ces miracles, et la manière dont l'histoire en est écrite. Il ne faut à un homme sage et sans passion que les lire, pour en sentir la vérité.

B. Vous élevez bien haut l'éloquence et les sermons des Pères.

A. Je ne crois pas en dire trop.

B. Je suis surpris de voir qu'après avoir été si rigoureux contre les orateurs profanes qui ont mêlé des jeux d'esprit dans leurs discours, vous soyez si indulgent pour les Pères, qui sont pleins de jeux de mots, d'antithèses et de pointes fort contraires à toutes vos règles. De grâce, accordez-vous avec vous-même. développez-nous tout cela : par exemple, que pensez-vous du style de Tertullien ?

A. Il y a des choses très estimables dans cet auteur. La grandeur de ses sentiments est souvent admirable ; d'ailleurs il faut le lire pour certains principes sur la tradition, pour les faits d'histoire et pour la discipline de son temps ; mais pour son style, je n'ai garde de le défendre. Il a beaucoup de pensées fausses et obscures, beaucoup de métaphores dures et entortillées. Ce qui est mauvais en lui, est ce que la plupart des lecteurs y cherchent le plus. Beaucoup de prédicateurs se gâtent dans cette lecture. L'envie de dire quelque chose de singulier les jette dans cette étude. La diction de Tertullien, qui est extraordinaire et pleine de faste, les éblouit. Il faudrait donc bien se garder d'imiter ses pensées et son style ; mais on devrait tirer de ses ouvrages ses grands sentiments, et la connaissance de l'antiquité.

B. Mais saint Cyprien, qu'en dites-vous ? N'est-il pas aussi bien enflé ?

A. Il l'est sans doute : on ne pouvait guère être autrement dans son siècle et dans son pays. Mais, quoique son style et sa diction sentent l'enflure de son temps et la dureté africaine, il a pourtant beaucoup de force et d'éloquence. On voit partout une grande âme, une âme éloquente, qui exprime ses sentiments d'une manière noble et touchante. On y trouve en quelques endroits des ornements affectés, par exemple, dans l'Épître à Donat, que saint Augustin cite néanmoins comme une épître pleine d'éloquence. Ce Père dit que Dieu a permis que ces traits d'une éloquence affectée aient échappé à saint Cyprien, pour apprendre à la postérité combien l'exactitude chrétienne a châtié dans tout le reste de ses ouvrages ce qu'il y avait d'ornements superflus dans le style de cet orateur, et qu'elle l'a réduit dans les bornes d'une éloquence plus grave et plus modeste. C'est, continue saint Augustin, ce dernier caractère, marqué dans toutes les Lettres suivantes de saint Cyprien, qu'on peut aimer avec sûreté, et chercher suivant les règles de la plus sévère Religion, mais auquel on ne peut parvenir qu'avec beaucoup de peine. Dans le fond, l'Épître de saint Cyprien à Donat, quoique trop ornée au jugement même de saint Augustin, mérite d'être appelée éloquente. Car, encore qu'on y trouve, comme il dit, un peu trop de fleurs semées, on voit bien néanmoins que le gros de l'épître est très sérieux, très vif et très propre à donner une idée du Christianisme à un païen qu'on veut convertir. Dans les endroits où saint Cyprien s'anime fortement, il laisse là tous les jeux d'esprit ; il prend un tour véhément et sublime.

B. Mais saint Augustin, dont vous parlez, n'est-ce pas l'écrivain du monde le plus accoutumé à se jouer des paroles ? Le défendrez-vous aussi ?

A. Non, je ne le défendrai point là-dessus. C'est le défaut de son temps, auquel son esprit vif et subtil lui donnait une pente naturelle. Cela montre que saint Augustin n'a pas été un orateur parfait ; mais cela n'empêche pas qu'avec ce défaut il n'ait eu un grand talent pour la persuasion. C'est un homme qui raisonne avec une force singulière, qui est plein d'idées nobles, qui connaît le fond du cœur de l'homme, qui est poli et attentif à garder dans tous ses discours la plus étroite bienséance, qui s'exprime enfin presque toujours d'une manière tendre, affectueuse et insinuante. Un tel homme ne mérite-t-il pas qu'on lui pardonne le défaut que nous reconnaissons en lui ?

C. Il est vrai que je n'ai jamais trouvé qu'en lui seul une chose que je vais vous dire : c'est qu'il est touchant lors même qu'il fait des pointes. Rien n'en est plus rempli que ses *Confessions* et ses *Soliloques*. Il faut avouer qu'ils sont tendres et propres à attendrir le lecteur.

A. C'est qu'il corrige le jeu d'esprit, autant qu'il est possible, par la naïveté de ses mouvements et de ses affections (1). Tous ses ouvrages portent le caractère de l'amour de Dieu : non-seulement il le sentait, mais il savait merveilleusement exprimer au-dehors les sentiments qu'il en avait. Voilà la tendresse qui fait une partie de l'Éloquence. D'ailleurs nous voyons que saint Augustin con-

(1) « On ne retrouve pas, dit M. Villemain, dans l'évêque d'Hippone ce beau langage et ces grâces éloquentes de l'Asie chrétienne. Il ne parle pas pour Antioche et pour Césarée ; il est plus sérieux et plus inculte : souvent il est barbare sans être simple, parce que la barbarie d'un peuple en décadence a quelque chose de subtil et de contourné. Mais son âme est inépuisable en émotions neuves et pénétrantes. C'est par là qu'il ravissait les cœurs, qu'il faisait tomber les armes des mains à des hommes féroces, accoutumés à s'entre-déchirer dans une fête annuelle. Nul art, nulle méthode ne règne dans ses discours. Ils diffèrent autant des belles homélies de Chrysostôme, que les mœurs rudes des marins d'Hippone s'éloignaient des arts et du luxe de Constantinople. Lorsque S. Augustin par-

naissait bien le fond des véritables règles. Il dit qu'un discours,
pour être persuasif, doit être simple, naturel ; que l'art doit y être
caché, et qu'un discours qui paraît trop beau met l'auditeur en
défiance. Il y applique ces paroles que vous connaissez, *Qui so-
phistice loquitur odibilis est* (1). Il traite aussi avec beaucoup de
science l'arrangement des choses, le mélange des divers styles,
les moyens de faire toujours croître le discours, la nécessité d'être
simple et familier même pour les tons de la voix, et pour l'action
en certains endroits, quoique tout ce qu'on dit soit grand quand
on prêche la Religion ; enfin la manière de surprendre et de tou-
.cher.

Voilà les idées de saint Augustin sur l'Eloquence. Mais voulez-vous voir combien dans la pratique il avait l'art d'entrer dans
les esprits, et combien il cherchait à émouvoir les passions, selon
le vrai but de la Rhétorique? lisez ce qu'il rapporte lui-même
d'un discours qu'il fit au peuple à Césarée de Mauritanie, pour
faire abolir une coutume barbare. Il s'agissait d'une coutume ancienne, qu'on avait poussée jusqu'à une cruauté monstrueuse, c'est
tout dire. Il s'agissait d'ôter au peuple un spectacle dont il était
charmé : jugez vous-même de la difficulté de cette entreprise.,
Saint Augustin dit qu'après avoir parlé quelque temps, ses auditeurs s'écrièrent et lui applaudirent. Mais il jugea que son discours ne persuaderait point, tandis qu'on s'amuserait à lui donner des louanges. Il ne compta donc pour rien le plaisir et l'admiration de l'auditeur, et il ne commença à espérer que quand
il vit couler des larmes. En effet, ajoute-t-il, le peuple renonça à
ce spectacle, et il y a huit ans qu'il n'a point été renouvelé. N'est-
ce pas là un vrai orateur ? Avons-nous des prédicateurs qui soient
en état d'en faire autant? Saint Jérôme a encore ses défauts pour
le style, mais ses expressions sont mâles et grandes. Il n'est pas
régulier, mais, il est bien plus éloquent que la plupart des gens
qui se piquent de l'être. Ce serait juger en petit grammairien,

---

lait dans Cartage, son style devenait plus pompeux et plus fleuri; mais sa
puissance était toujours la même, celle qu'il demande à l'orateur chrétien, le don des larmes. Cette tendre vivacité d'âme qui jette tant de charmes lans ses Confessions, revit jusqu'au milieu des épines de sa théologie.
Moins élevé, moins brillant que les Basile et les Chrysostôme, il a quelque chose de plus profond. Il est moins éloquent, mais plus évangélique ;
car il parle davantage au cœur de l'homme. » *Tableau de l'éloq. chrétienne,*
p. 511.

(1) Dans l'*Ecclésiastique*, XXXVII, 23.

que de n'examiner les Pères que par la langue et le style (vous savez bien qu'il ne faut pas confondre l'Eloquence avec l'élégance et la pureté de la diction). Saint Ambroise suit aussi quelquefois la mode de son temps. Il donne à son discours les ornements qu'on estimait alors. Peut-être même que ces grands hommes qui avaient des vues plus hautes que les règles communes de l'Eloquence, se conformaient au goût du temps, pour faire écouter avec plaisir la parole de Dieu, et pour insinuer les vérités de la Religion. Mais après tout, ne voyons-nous pas saint Ambroise, nonobstant quelques jeux de mots, écrire à Théodose avec une force et une persuasion inimitable ? Quelle tendresse n'exprime-t-il pas quand il parle de la mort de son frère Satyre ? Nous avons même dans le Bréviaire romain un discours de lui sur la tête de saint Jean, qu'Hérode respecte et craint encore après sa mort (1) : prenez-y garde, vous en trouverez la fin sublime. Saint Léon est enflé, mais il est grand. Saint Grégoire pape était encore dans un siècle pire : il a pourtant écrit plusieurs choses avec beaucoup de force et de dignité. Il faut savoir distinguer ce que le malheur du temps a mis dans ces grands hommes, comme dans tous les autres écrivains de leurs siècles, d'avec ce que leur génie et leurs sentiments leur fournissaient pour persuader leurs auditeurs.

C. Mais quoi ! tout était donc gâté, selon vous, pour l'Eloquence, dans ces siècles si heureux pour la Religion ?

A. Sans doute ; peu de temps après l'empire d'Auguste, l'Eloquence et la langue latine même n'avaient fait que se corrompre. Les Pères ne sont venus qu'après ce déclin ; ainsi il ne faut pas les prendre pour des modèles sûrs en tout. Il faut même avouer que la plupart des sermons que nous avons d'eux sont leurs moins forts ouvrages. Quand je vous montrais tantôt, par le témoignage des

---

(1) Dans le traité *de Virginibus*, l. III, c. vi (t. II, p. 181-2). « Intuere, rex acerbissime, tuo spectacula digna convivio. Porrige dexteram, ne quid sævitiæ tuæ desit, ut inter digitos tuos rivi defluant sancti cruoris. Quoniam non exsaturari epulis fames, non restingui poculis potuit inauditæ sævitiæ sitis, bibe sanguinem scaturientibus adhuc venis exsecti capitis profluentem. Cerne oculos in ipsa morte sceleris tuis testes, aversantes conspectum deliciarum. Clauduntur lumina non tam mortis necessitate quam horrore luxuriæ. Os aurem illud exsangue, cujus sententiam ferre non poteras, conticescit, et adhuc times. Lingua tamen, quæ solet etiam post mortem officium servare viventis, palpitante licet motu, damnabat incestum. Portatur hoc caput ad Herodiadem : lætatur, exsultat, quasi crimen evaserit, quia judicem trucidavit. »

Pères, que l'Ecriture est éloquente, je songeais en moi-même que c'étaient des témoins dont l'éloquence est bien inférieure à celle que vous n'avez crue que sur leur parole. Il y a des gens d'un goût si dépravé, qu'ils ne sentiront pas les beautés d'Isaïe, et qu'ils admireront saint Pierre Chrysologue, en qui, nonobstant le beau nom qu'on lui a donné, il ne faut chercher que le fonds de la piété évangélique sous une infinité de mauvaises pointes. Dans l'Orient, la bonne manière de parler et d'écrire se soutint davantage. La langue grecque s'y conserva presque dans sa pureté. Saint Chrysostôme la parlait fort bien ; son style, comme vous savez, est diffus ; mais il ne cherche point de faux ornements : tout tend à la persuasion ; il place chaque chose avec dessein ; il connaît bien l'Ecriture sainte et les mœurs des hommes ; il entre dans les cœurs, il rend les choses sensibles ; il a des pensées hautes et solides, et il n'est pas sans mouvements. Dans son tout, on peut dire que c'est un grand orateur. Saint Grégoire de Nazianze est plus concis et plus poétique, mais un peu moins appliqué à la persuasion. Il a néanmoins des endroits fort touchants, par exemple son Adieu à Constantinople, et l'Eloge funèbre de saint Basile. Celui-ci est grave, sentencieux, austère même dans sa diction. Il avait profondément médité tout le détail de l'Evangile ; il connaissait à fond les maladies de l'homme, et c'est un grand maître pour le régime des âmes. On ne peut rien voir de plus éloquent que son Epître à une vierge qui était tombée. A mon sens c'est un chef-d'œuvre. Si on n'a un goût formé sur tout cela, on court risque de prendre dans les Pères ce qu'il y a de moins bon, et de ramasser leurs défauts dans les sermons que l'on compose.

C. Mais combien a duré cette fausse éloquence que vous dites qui succéda à la bonne ?

A. Jusqu'à nous.

C. Quoi ! jusqu'à nous ?

A. Oui, jusqu'à nous, et nous n'en sommes pas encore autant sortis que nous le croyons. Vous en comprendrez bientôt la raison. Les Barbares qui inondèrent l'Empire romain mirent partout l'ignorance et le mauvais goût. Nous venons d'eux, et quoique les Lettres aient commencé à se rétablir dans le quinzième siècle, cette résurrection a été lente. On a eu de la peine à revenir à la bonne voie ; et il y a encore bien des gens fort éloignés de la connaître. Il ne faut pas laisser de respecter non-seulement les

Pères, mais encore les auteurs pieux qui ont écrit dans ce long intervalle. On y apprend la tradition de leur temps, et on y trouve plusieurs autres instructions très utiles. Je suis tout honteux de décider ici ; mais souvenez-vous, Messieurs, que vous l'avez voulu, et que je suis tout prêt à me dédire, si on me fait apercevoir que je me sois trompé Il est temps de finir cette conversation.

B. Vous ne finirez pas, s'il vous plaît, sans m'avoir encore expliqué une chose qui me fait de la peine. J'oubliais un article important : attendez, je vous prie, et je ne vous demande plus qu'un mot.

A. Faut-il censurer encore quelqu'un ?

B. Oui, les panégyristes. Ne croyez-vous pas que quand on fait l'éloge d'un Saint, il faut prendre son caractère, et réduire toutes ses actions et toutes ses vertus à un point ?

A. Cela sert à montrer l'invention et la subtilité de l'orateur.

B. Je vous entends : vous ne goûtez pas cette méthode.

A. Elle me paraît fausse pour la plupart des sujets. C'est forcer les matières, que de les vouloir toutes réduire à un seul point. Il y a un grand nombre d'actions dans la vie d'un homme qui viennent de divers principes, et qui marquent des qualités très différentes. C'est une subtilité scholastique, et qui marque un orateur très éloigné de bien connaître la nature, que de vouloir rapporter tout à une seule cause. Le vrai moyen de faire un portrait bien ressemblant, est de peindre un homme tout entier ; il faut le mettre devant les yeux des auditeurs, parlant et agissant. En décrivant le cours de sa vie, il faut appuyer principalement sur les endroits où son naturel et sa grâce paraissent davantage ; mais il faut un peu laisser remarquer ces choses à l'auditeur. Le meilleur moyen de louer le Saint, c'est de raconter ses actions louables. Voilà ce qui instruit, voilà ce qui touche. Souvent les auditeurs s'en retournent sans savoir la vie du Saint dont ils ont entendu parler une heure. Tout au plus ils ont entendu beaucoup de pensées sur un petit nombre de faits détachés et marqués sans suite. Il faudrait au contraire peindre le Saint au naturel, le montrer tel qu'il a été dans tous les âges, dans toutes les conditions, et dans les principales conjonctures où il a passé. Cela n'empêcherait point qu'on ne remarquât son caractère ; on le ferait même bien mieux remarquer par ses actions et par ses paroles que par des pensées et des desseins d'imagination.

B. Vous voudriez donc faire l'histoire de la vie du Saint, et non pas son panégyrique (1)?

A. Pardonnez-moi : je ne ferais point une narration simple. Je me contenterais de faire un tissu des faits principaux ; mais je voudrais que ce fût un récit concis, pressé, vif, plein de mouvements. Je voudrais que chaque mot donnât une haute idée des Saints, et fût une instruction pour l'auditeur. A cela j'ajouterais toutes les réflexions morales que je croirais les plus convenables. Ne croyez-vous pas qu'un discours fait de cette manière aurait une noble et aimable simplicité ? Ne croyez-vous pas que les vies des Saints en seraient mieux connues, et les peuples plus édifiés ? Ne croyez-vous pas même, selon les règles de l'Eloquence que nous avons posées, qu'un tel discours serait plus éloquent que tous ces panégyriques guindés qu'on voit d'ordinaire ?

B. Je vois bien maintenant que ces sermons-là ne seraient ni moins instructifs, ni moins touchants, ni moins agréables que les autres. Je suis content, Monsieur, en voilà assez ; il est juste que vous alliez vous délasser. Pour moi, j'espère que votre peine ne sera pas inutile ; car je suis résolu de quitter tous les recueils modernes et tous les *pensieri* italiens. Je veux étudier fort sérieusement toute la suite et tous les principes de la religion dans ses sources.

C. Adieu, Monsieur. Pour tout remercîment, je vous assure que je vous croirai.

A. Bonsoir, Messieurs, je vous quitte avec ces paroles de saint Jérôme à Népotien : *Quand vous enseignerez dans l'Eglise, n'excitez point les applaudissements, mais les gémissements du peuple. Que les larmes de vos auditeurs soient vos louanges. Il faut que les discours d'un prêtre soient pleins de l'Ecriture sainte. Ne soyez pas un déclamateur, mais un vrai docteur des mystères de votre Dieu.*

(1) Ce que Fénelon dit ici des panégyriques ne s'applique pas à ceux de Bossuet, de Massillon, etc., pas plus qu'à ceux de plusieurs des orateurs de nos jours. Que le lecteur ne se méprenne pas à cet égard . au XVIIᵉ comme au XIXᵉ siècle, s'il y a des abus il y a aussi de nombreuses et admirables règles pratiques du vrai panégyrique.   *(Note des Editeurs.)*

FIN DES DIALOGUES SUR L'ÉLOQUENCE.

LETTRE

ÉCRITE A L'ACADÉMIE FRANÇAISE

SUR

L'ÉLOQUENCE, LA POÉSIE, L'HISTOIRE, ETC.

Je suis honteux, Monsieur (1), de vous devoir depuis si long-temps une réponse ; mais ma mauvaise santé et mes embarras continuels ont causé ce retardement. Le choix que l'Académie a fait de votre personne pour l'emploi de son Secrétaire perpétuel est digne de la compagnie et promet beaucoup au public pour les belles-lettres. J'avoue que la demande que vous me faites au nom d'un corps auquel je dois tant m'embarrasse un peu ; mais je vais parler au hasard, puisqu'on l'exige. Je le ferai avec une grande défiance de mes pensées, et une sincère déférence pour ceux qui daignent me consulter.

I

PROJET D'ACHEVER LE DICTIONNAIRE.

Le Dictionnaire auquel l'Académie travaille mérite sans doute qu'on l'achève. Il est vrai que l'usage, qui change souvent pour les langues vivantes, pourra changer ce que ce Dictionnaire aura décidé.

> Nedum sermonum stet honos et gratia vivax.
> Multa renascentur, quæ jam cecidere, cadentque
> Quæ nunc sunt in honore vocabula, si volet usus,
> Quem penes arbitrium est et jus et norma loquendi.

(1) M. Dacier.

Mais ce Dictionnaire aura divers usages. Il servira aux étrangers, qui sont curieux de notre langue et qui lisent avec fruit les livres excellents en plusieurs genres qui ont été faits en France. D'ailleurs les Français les plus polis peuvent avoir quelquefois besoin de recourir à ce Dictionnaire, par rapport à des termes sur lesquels ils doutent. Enfin, quand notre langue sera changée, il servira à faire entendre des livres dignes de la postérité qui sont écrits en notre temps. N'est-on pas obligé d'expliquer maintenant le langage de Villehardouin et de Joinville ? Nous serions ravis d'avoir des dictionnaires grecs et latins faits par les anciens mêmes. La perfection des dictionnaires est même un point où il faut avouer que les modernes ont enchéri sur les anciens. Un jour on sentira la commodité d'avoir un Dictionnaire qui serve de clef à tant de bons livres. Le prix de cet ouvrage ne peut manquer de croître à mesure qu'il vieillira.

II

PROJET DE GRAMMAIRE.

Il serait à désirer, ce me semble, qu'on joignît au Dictionnaire une Grammaire française. Elle soulagerait beaucoup les étrangers que nos phrases irrégulières embarrassent souvent. L'habitude de parler notre langue nous empêche de sentir ce qui cause leur embarras. La plupart même des Français aurait quelquefois besoin de consulter cette règle. Ils n'ont appris leur langue que par le seul usage, et l'usage a quelques défauts en tous lieux. Chaque province a les siens ; Paris n'en est pas exempt. La Cour même se ressent un peu du langage de Paris, où les enfants de la plus haute condition sont d'ordinaire élevés. Les personnes les plus polies ont de la peine à se corriger sur certaines façons de parler, qu'elles ont prises pendant leur enfance en Gascogne, en Normandie, ou à Paris même, par le commerce des domestiques.

Les Grecs et les Romains ne se contentaient pas d'avoir appris leur langue naturelle par le simple usage ; ils l'étudiaient dans un âge mûr par la lecture des grammairiens, pour remarquer les règles, les exceptions, les étymologies, les sens figurés, l'artifice de toute la langue, et ses variations.

Un savant grammairien court risque de composer une gram-

maire trop curieuse et trop remplie de préceptes. Il me semble
qu'il faut se borner à une méthode courte et facile. Ne donnez
d'abord que les règles les plus générales ; le exceptions viendront
peu à peu. Le grand point est de mettre une personne le plus
tôt qu'on peut dans l'application sensible des règles par un fréquent usage. Ensuite cette personne prend plaisir à remarquer
le détail des règles qu'elle a suivies d'abord sans y prendre
garde.

Cette Grammaire ne pourrait pas fixer une langue vivante ;
mais elle diminuerait peut-être les changements capricieux par
lesquels la mode règne sur les termes comme sur les habits. Ces
changements de pure fantaisie peuvent embrouiller et altérer
une langue au lieu de la perfectionner.

III

PROJET D'ENRICHIR LA LANGUE.

Oserai-je hasarder ici, par un excès de zèle, une proposition,
que je soumets à une compagnie si éclairée ? Notre langue manque d'un grand nombre de mots et de phrases. Il me semble même qu'on l'a gênée et appauvrie depuis environ cent ans, en voulant la purifier. Il est vrai qu'elle était encore un peu informe, et
trop *verbeuse*. Mais le vieux langage se fait regretter, quand nous
le retrouvons dans Marot, dans Amyot, dans le cardinal d'Ossat, dans les ouvrages les plus enjoués, et dans les plus sérieux.
Il avait je ne sais quoi de court, de naïf, de hardi, de vif et de passionné. On a retranché, si je ne me trompe, plus de mots qu'on
n'en a introduit. D'ailleurs je voudrais n'en perdre aucun, et en
acquérir de nouveaux. Je voudrais autoriser tout terme qui nous
manque, et qui a un son doux, sans danger d'équivoque.

Qand on examine de près la signification des termes, on remarque qu'il n'y en a presque point qui soient entièrement synonymes entre eux. On en trouve un grand nombre qui ne peuvent
désigner suffisamment un objet à moins qu'on n'y ajoute un second mot. De là vient le fréquent usage des circonlocutions. Il
faudrait abréger, en donnant un terme simple et propre pour
exprimer chaque objet, chaque sentiment, chaque action. Je voudrais même plusieurs synonymes pour un seul objet. C'est le

moyen d'éviter toute équivoque, de varier les phrases, et de faciliter l'harmonie, en choisissant celui de plusieurs synonymes qui sonnerait le mieux avec le reste d'un discours.

Les Grecs avaient fait un grand nombre de mots composés, comme *Pantocrator*, *Glaucopis*, *Eucnemides*, etc. Les Latins, quoique moins libres en ce genre, avaient un peu imité les Grecs, *Lanifica*, *Malesuada*, *Pomifer*, etc. Cette composition servait à abréger, et à faciliter la magnificence des vers. De plus, ils rassemblaient sans scrupule plusieurs dialectes dans le même poëme, pour rendre la versification plus variée et plus facile.

Les Latins ont enrichi leur langue des termes étrangers qui manquaient chez eux. Par exemple, ils manquaient de termes propres pour la Philosophie, qui commença si tard à Rome. En apprenant le grec, ils en empruntèrent les termes pour raisonner sur les sciences. Cicéron, quoique très scrupuleux sur la pureté de sa langue, emploie librement les mots dont il a besoin. D'abord le mot grec ne passait que comme étranger; on demandait permission de s'en servir, puis la permission se tournait en possession et en droit.

J'entends dire que les Anglais ne se refusent aucun des mots qui leur sont commodes. Ils les prennent partout où ils les trouvent chez leurs voisins. De telles usurpations sont permises. En ce genre tout devient commun par le seul usage. Les paroles ne sont que des sons, dont on fait arbitrairement les signes de nos pensées. Ces sons n'ont en eux-mêmes aucun prix. Ils sont autant au peuple qui les emprunte, qu'à celui qui les a prêtés. Qu'importe qu'un mot soit né dans notre pays ou qu'il nous vienne d'un pays étranger? La jalousie serait puérile, quand il ne s'agit que de la manière de mouvoir ses lèvres, et de frapper l'air.

D'ailleurs nous n'avons rien à ménager sur ce faux point d'honneur. Notre langue n'est qu'un mélange de grec et de latin, et de tudesque, avec quelques restes confus de gaulois. Puisque nous ne vivons que sur ces emprunts, qui sont devenus notre fonds propre, pourquoi aurions-nous une mauvaise honte sur la liberté d'emprunter, par laquelle nous pouvons achever de nous enrichir? Prenons de tous côtés tout ce qu'il nous faut pour rendre notre langue plus claire, plus précise, plus courte et plus harmonieuse; toute circonlocution affaiblit le discours.

Il est vrai qu'il faudrait que des personnes d'un goût et d'un discernement éprouvé choisissent les termes que nous devrions autoriser. Les mots latins paraîtraient les plus propres à être choisis : les sons en sont doux ; ils tiennent à d'autres mots, qui ont déjà pris racine dans notre fonds ; l'oreille y est déjà accoutumée : ils n'ont plus qu'un pas à faire pour entrer chez nous. Il faudrait leur donner une agréable terminaison ; quand on abandonne au hasard, ou au vulgaire ignorant, ou à la mode des femmes, l'introduction des termes, il en vient plusieurs qui n'ont ni la clarté ni la douceur qu'il faudrait désirer.

J'avoue que si nous jetions à la hâte, et sans choix, dans notre langue un grand nombre de mots étrangers, nous ferions du français un amas grossier et informe des autres langues d'un génie tout différent. C'est ainsi que les aliments trop peu digérés mettent dans la masse du sang d'un homme des parties hétérogènes, qui l'altèrent au lieu de le conserver.

On me dira peut-être que l'Académie n'a pas le pouvoir de faire un édit avec une affiche, en faveur d'un terme nouveau ; le public pourrait se révolter. Je n'ai pas oublié l'exemple de Tibère : maître redoutable de la vie des Romains, il parut ridicule en affectant de se rendre le maître du terme de *Monopolium*. Mais je crois que le public ne manquerait point de complaisance pour l'Académie, quand elle le ménagerait. Pourquoi ne viendrions-nous pas à bout de faire ce que les Anglais font tous les jours ?

Un terme nous manque, nous en sentons le besoin : choisissez un son doux, et éloigné de toute équivoque, qui s'accommode à notre langue, et qui soit commode pour abréger le discours. Chacun en sent d'abord la commodité. Quatre ou cinq personnes le hasardent modestement en conversation familière ; d'autres le répètent par le goût de la nouveauté ; le voilà à la mode. C'est ainsi qu'un sentier qu'on ouvre dans un champ devient bientôt le chemin le plus battu, quand l'ancien chemin se trouve raboteux et moins court.

Ils nous faudrait, outre les mots simples et nouveaux, des composés et des phrases, où l'art de joindre les termes qu'on n'a pas coutume de mettre ensemble fît une nouveauté gracieuse. .

> Dixeris egregie, notum, si callida verbum
> Reddiderit junctura novum.

C'est ainsi qu'on a dit *velivolum* en un seul mot composé de deux mots mis l'un auprès de l'autre, *Remigium alarum*. Mais il faut en ce point être sobre et précautionné, *tenuis cautusque serendis*.

Les nations qui vivent sous un ciel tempéré goûtent moins que les peuples des pays chauds les métaphores dures et hardies.

Notre langue deviendrait bientôt abondante, si les personnes qui ont la plus grande réputation de politesse s'appliquaient à introduire les expressions ou simples, ou figurées, dont nous avons été privés jusqu'ici.

IV

PROJET DE RHÉTORIQUE.

Une excellente Rhétorique serait bien au-dessus d'une Grammaire et de tous les travaux bornés à perfectionner une langue. Celui qui entreprendrait cet ouvrage y rassemblerait tous les plus beaux préceptes d'Aristote, de Cicéron, de Quintilien, de Lucien, de Longin, et des autres célèbres auteurs. Leurs textes, qu'il citerait, seraient les ornements du sien. En ne prenant que la fleur et la plus pure antiquité, il ferait un ouvrage court, exquis, et délicieux.

Je suis très éloigné de vouloir préférer en général le génie des anciens orateurs à celui des modernes. Je suis très persuadé de la vérité d'une comparaison qu'on a faite : c'est que, comme les arbres ont aujourd'hui la même forme et portent les mêmes fruits qu'ils portaient il y a deux mille ans, les hommes produisent les mêmes pensées. Mais il y a deux choses que je prends la liberté de représenter. La première est que certains climats sont plus heureux que d'autres pour certains talents, comme pour certains fruits. Par exemple, le Languedoc et la Provence produisent des raisins et des figues d'un meilleur goût que la Normandie et que les Pays-Bas. De même les Arcadiens étaient d'un naturel plus propre aux beaux-arts que les Scythes. Les Siciliens sont encore plus propres à la musique que les Lapons. On voit même que les Athéniens avaient un esprit plus vif et plus subtil que les Béotiens. La seconde chose que je remarque, est que les Grecs avaient une espèce de longue tradition, qui nous manque. Ils avaient plus de culture pour l'éloquence que notre nation n'en peut avoir. Chez les Grecs tout dépendait du peuple, et le peuple dépendait de la parole. Dans leur forme de gouvernement, la fortune, la réputation, l'autorité étaient attachées à la persuasion de la multitude. Le peuple était entraîné par les rhéteurs

artificieux et véhéments. De là viennent tant de harangues qui
sont rapportées dans les histoires et qui nous sont presque in-
croyables, tant elles sont loin de nos mœurs. On voit dans Diodore
de Sicile Nicolas et Gylippe qui entraînent tour à tour les Syracu-
sains. L'un leur fait d'abord accorder la vie aux prisonniers athéniens ; et l'autre, un moment après, les détermine à faire mourir
ces mêmes prisonniers.

La parole n'a aucun pouvoir semblable chez nous. Les assemblées n'y sont que des cérémonies et des spectacles. Il ne nous
reste guère de monuments d'une forte éloquence, ni de nos anciens Parlements, ni de nos Etats-généraux, ni de nos assemblées
de Notables. Tout se décide en secret dans le cabinet des Princes,
ou dans quelque négociation particulière. Ainsi notre nation n'est
point excitée à faire les mêmes efforts que les Grecs pour dominer par la parole. L'usage public de l'éloquence est maintenant
presque borné aux prédicateurs et aux avocats.

Nos avocats n'ont pas autant d'ardeur pour gagner le procès de
la rente d'un particulier, que les rhéteurs de la Grèce avaient
d'ambition pour s'emparer de l'autorité suprême dans une république. Un avocat ne perd rien, et gagne même de l'argent, en
perdant la cause qu'il plaide. Est-il jeune? il se hâte de plaider avec
un peu d'élégance, pour acquérir quelque réputation, et sans avoir
jamais étudié ni le fond des lois, ni les grands modèles de l'antiquité. A-t-il quelque réputation établie? il cesse de plaider, et se
borne aux consultations, où il s'enrichit. Les avocats les plus estimables sont ceux qui exposent nettement les faits, qui remontent
avec précision à un principe de droit, et qui répondent aux objections suivant ce principe. Mais où sont ceux qui possèdent le
grand art d'enlever la persuasion, et de remuer les cœurs de tout
un peuple?

Oserai-je parler avec la même liberté sur les prédicateurs? Dieu
sait combien je révère les ministres de la parole de Dieu ; mais je
ne blesse aucun d'entre eux personnellement, en remarquant
en général qu'ils ne sont pas tous également humbles et détachés. De jeunes gens sans réputation se hâtent de prêcher. Le
public s'imagine voir qu'ils sont plus occupés de leur fortune que
du salut des âmes. Ils parlent en orateurs brillants, plutôt qu'en
ministres de J.-C. et en *dispensateurs de ses mystères.* Ce n'est
point avec cette ostentation de paroles que saint Pierre annonçait

Jésus crucifié, dans ces sermons qui convertissaient tant de milliers d'hommes.

Veut-on apprendre de saint Augustin les règles d'une éloquence sérieuse et efficace? Il distingue, après Cicéron, trois divers genres suivant lesquels on peut parler. Il faut, dit-il, parler d'une façon abaissée et familière, pour instruire, *submisse*. Il faut parler d'une façon douce, gracieuse et insinuante, pour faire aimer la vérité, *temperate*. Il faut parler d'une façon grande et véhémente, quand on a besoin d'entraîner les hommes et de les arracher à leurs passions, *granditer*. Il ajoute qu'on ne doit user des expressions qui plaisent, qu'à cause qu'il y a peu d'hommes assez raisonnables pour goûter une vérité qui est sèche et nue dans un discours. Pour le genre sublime et véhément, il ne veut point qu'il soit fleuri : *Non tam verborum ornatibus comptum est, quam violentum animi affectibus.... Fertur quippe impetu suo, et elocutionis pulchritudinem, si occurrerit, vi rerum rapit non cura decoris assumit.* « Un homme, dit encore ce Père, qui combat » très courageusement avec une épée enrichie d'or et de pierre- » ries, se sert de ces armes, parce qu'elles sont propres au com- » bat, sans penser à leur prix. » Il ajoute que Dieu avait permis que saint Cyprien eût mis des ornements affectés dans sa Lettre à Donat, afin que la postérité pût voir « combien la pureté de la » doctrine chrétienne l'avait corrigé de cet excès, et l'avait ra- » mené à une éloquence plus grave et plus modeste. » Mais rien n'est plus touchant que les deux histoires que saint Augustin nous raconte, pour nous instruire de la manière de prêcher avec fruit.

Dans la première occasion il n'était encore que prêtre. Le saint évêque Valère le faisait parler pour corriger le peuple d'Hippone de l'abus des festins trop libres dans les solennités. Il prit en main le livre des Ecritures. Il y lut les reproches les plus véhéments. Il conjura ses auditeurs par les opprobres, par les douleurs de J.-C., par sa croix, par son sang, de ne se perdre point eux-mêmes, d'avoir pitié de celui qui leur parlait avec autant d'affection, et de se souvenir du vénérable vieillard Valère, qui l'avait chargé, par tendresse pour eux, de leur annoncer la vérité. « Ce ne fut point, » dit-il, en pleurant sur eux que je les fis pleurer; mais pendant » que je parlais, leurs larmes prévinrent les miennes. J'avoue que » je ne pus point alors me retenir. Après que nous eûmes pleuré » ensemble, je commençai à espérer fortement leur correction. » Dans la suite il abandonna le discours qu'il avait préparé, parce

8

qu'il ne lui paraissait plus convenable à la disposition des esprits. Enfin il eut la consolation de voir ce peuple docile et corrigé dès ce jour-là.

Voici l'autre occasion où ce Père enleva les cœurs. Ecoutons ses paroles : « Il faut bien se garder de croire « qu'un homme a parlé » d'une façon grande et sublime, quand on lui a donné de fréquen- » tes acclamations et de grands applaudissements. Les jeux d'es- » prit du plus bas genre, et les ornements du genre tempéré atti- » rent de tels succès. Mais le genre sublime accable souvent par » son poids, et en ôte même la parole ; il réduit aux larmes. Pen- » dant que je tâchais de persuader au peuple de Césarée en Mau- » ritanie, qu'il devait abolir un combat des citoyens,... où les pa- » rents, les frères, les pères et les enfants, divisés en deux partis, » combattaient en public pendant plusieurs jours de suite en un » certain temps de l'année, et chacun s'efforçait de tuer celui qu'il » attaquait : je me servis, selon toute l'étendue de mes forces, des » plus grandes expressions pour déraciner des cœurs et des » mœurs de ce peuple une coutume si cruelle et si invétérée. Je ne » crus néanmoins avoir rien gagné, pendant que je n'entendis » que leurs acclamations ; mais j'espérai quand je les vis pleurer. » Les acclamations montraient que je les avais instruits, et que » mon discours leur faisait plaisir ; mais leurs larmes marquèrent » qu'ils étaient changés. Quand je les vis couler, je crus que cette » horrible coutume, qu'ils avaient reçue de leurs ancêtres, » et qui les tyrannisait depuis si longtemps, serait abolie.... Il y » a déjà environ huit ans, ou même plus, que ce peuple, par la » grâce de Jésus-Christ, n'a entrepris rien de semblable. » Si saint Augustin eût affaibli son discours par les ornements affectés du genre fleuri, il ne serait jamais parvenu à corriger les peuples d'Hippone et de Césarée.

Démosthène a suivi cette règle de la véritable éloquence. « O » Athéniens, disait-il, ne croyez pas que Philippe soit comme une » divinité à laquelle la fortune soit attachée. Parmi les hommes » qui paraissent dévoués à ses intérêts, il y en a qui le haïssent, » qui le craignent, qui en sont envieux..... Mais toutes ces choses » demeurent comme ensevelies par votre lenteur et votre négli- » gence..... Voyez, ô Athéniens, en quel état vous êtes réduits. » Ce méchant homme est parvenu jusqu'au point de ne vous lais- » ser plus le choix entre la vigilance et l'inaction. Il vous menace ; » il parle, dit-on, avec arrogance ; il ne peut plus se contenter de

» ce qu'il a conquis sur vous ; il étend de plus en plus chaque jour
» ses projets pour vous subjuguer ; il vous tend des piéges de tous
» les côtés, pendant que vous êtes sans cesse en arrière et sans
» mouvement. Quand est ce donc, ô Athéniens, que vous ferez ce
» qu'il faut faire ? Quand est-ce que nous verrons quelque chose
» de vous ? Quand est-ce que la nécessité vous y déterminera ?
» Mais que faut-il croire de ce qui se fait actuellement ? Ma pen-
» sée est qu'il n'y a pour des hommes libres aucune plus pressante
» nécessité que celle qui résulte de la honte d'avoir mal conduit ses
» propres affaires. Voulez-vous achever de perdre votre temps ?
» Chacun ira-t-il encore çà et là dans la place publique, faisant
» cette question : *N'y a-t-il aucune nouvelle ?* Eh ! que peut-il y
» avoir de plus nouveau que de voir un homme de Macédoine qui
» dompte les Athéniens, et qui gouverne toute la Grèce ? *Philippe*
» *est mort,* dit quelqu'un. *Non,* dit un autre, *il n'est que malade.*
» Eh ! que vous importe, puisque, s'il n'était plus, vous vous feriez
» bientôt un autre Philippe ? » Voilà le bon sens qui parle sans
autre ornement que sa force. Il rend la vérité sensible à tout le
peuple. Il le réveille, il le pique, il lui montre l'abîme ouvert.
Tout est dit pour le salut commun ; aucun mot n'est pour l'orateur. Tout instruit et touche ; rien ne brille.

Il est vrai que les Romais suivirent assez tard l'exemple des
Grecs pour cultiver les belles-lettres.

> Graiis ingenium, Graiis dedit ore rotundo
> Musa loqui, præter laudem nullius avaris.
> Romani pueri longis rationibus assem, etc.

Les Romains étaient occupés des lois, de la guerre, de l'agriculture, et du commerce d'argent. C'est ce qui faisait dire à Virgile :

> Excudent alii spirantia molius æra,
> . . . .
> Tu regere imperio populos, etc.

Salluste fait un beau portrait des mœurs de l'ancienne Rome, en
avouant qu'elle négligeait les lettres. *Prudentissumus quisque*
maxume negotiosus erat ; ingenium nemo sine corpore exercebat ;
optumus quisque facere quam dicere, sua ab aliis bene facta lau-
dari quam ipse aliorum narrare malebat.

Il faut néanmoins avouer, suivant le rapport de Tite-Live, que
l'éloquence nerveuse et populaire était déjà bien cultivée à Rome

dès le temps de Manlius. Cet homme, qui avait sauvé le Capitole contre les Gaulois, voulait soulever le peuple contre le gouvernement. *Quousque tandem*, dit-il, *ignorabitis vires vestras, quas natura ne belluas quidem ignorare voluit? Numerate saltem quot ipsi sitis... Tamen acrius crederem vos pro libertate quam illos pro dominatione certaturos.. Quousque me circumspectabitis? Ego quidem nulli vestrûm deero, etc.* Ce puissant orateur enlevait tout le peuple pour se procurer l'impunité, en tendant les mains vers le Capitole, qu'il avait sauvé autrefois. On ne put obtenir sa mort de la multitude, qu'en le menant dans un bois sacré, d'où il ne pouvait plus montrer le Capitole aux citoyens. *Apparuit tribunis*, dit Tite-Live, *nisi oculos quoque hominum liberassent ab tanti memoria decoris, nunquam fore in præoccupatis beneficio animis vero crimini locum.... Ibi crimen valuit, etc.* Chacun sait combien l'éloquence des Gracques causa de trouble. Celle de Catilina mit la République dans le plus grand péril. Mais cette éloquence ne tendait qu'à persuader, et à émouvoir les passions. Le bel esprit n'y était d'aucun usage. Un déclamateur fleuri n'aurait eu aucune force dans les affaires.

Rien n'est plus simple que Brutus, quand il se rend supérieur à Cicéron, jusqu'à le reprendre et à le confondre. « Vous de- » mandez, lui-dit-il, la vie à Octave. Quelle mort serait aussi fu- » neste? Vous montrez par cette demande que la tyrannie n'est » pas détruite, et qu'on n'a fait que changer de tyran. Reconnais- » sez vos paroles. Niez, si vous l'osez, que cette prière ne convient » qu'à un roi à qui elle est faite par un homme réduit à la servi- » tude. Vous dites que vous ne lui demandez qu'une seule grâce, » savoir qu'il veuille bien sauver la vie des citoyens qui ont l'es- » time des honnêtes gens et de tout le peuple romain. Quoi donc, » à moins qu'il ne le veuille, nous ne serons plus? Mais il vaut » mieux n'être plus que d'être par lui. Non, je ne crois point que » tous les dieux soient déclarés contre le salut de Rome, jusqu'au » point de vouloir qu'on demande à Octave la vie d'aucun citoyen, » encore moins celle des libérateurs de l'univers..... O Cicéron, » vous avouez qu'Octave a un tel pouvoir, et vous êtes de ses » amis! Mais si vous m'aimez, pouvez-vous désirer de me voir à » Rome, lorsqu'il faudrait me recommander à cet enfant, afin que » j'eusse la permission d'y aller? Quel est donc celui que vous re- » merciez de ce qu'il souffre que je vive encore? Faut-il regar- » der comme un bonheur, de ce qu'on demande cette grâce à

» Octave plutôt qu'à Antoine ?... C'est cette faiblesse et ce déses-
» poir, que les autres ont à se reprocher comme vous, qui ont ins-
» piré à César l'ambition de se faire roi.... Si nous nous souvenions
» que nous sommes Romains..... ils n'auraient pas eu plus d'au-
» dace pour envahir la tyrannie, que nous de courage pour la re-
» pousser.... O vengeur de tant de crimes, je crains que vous
» n'ayez fait que retarder un peu notre chute. Comment pouvez-
» vous voir ce que vous avez fait ? etc. » Combien ce discours
serait-il énervé, indécent et avili, si on y mettait des pointes et
des jeux d'esprit ?

J'avoue que le genre fleuri a ses grâces ; mais elles sont dépla-
cées dans le discours où il ne s'agit point d'un jeu d'esprit plein
de délicatesse, et où les grandes passions doivent parler. Le genre
fleuri n'atteint jamais au sublime. Qu'est-ce que les anciens auraient dit d'une tragédie où Hécube aurait déploré ses malheurs
par des pointes ? La vraie douleur ne parle point ainsi.

Il y a une bienséance à garder pour les paroles, comme pour les
habits. Une veuve désolée ne porte point le deuil avec beaucoup
de broderie, de frisure et de rubans. Un missionnaire apostolique
ne doit point faire de la parole de Dieu une parole vaine et pleine
d'ornements affectés. Les païens mêmes auraient été indignés de
voir une comédie si mal jouée.

> Ut ridentibus arrident, ita flentibus adflent
> Humani vultus. Si vis me flere, dolendum est
> Primum ipsi tibi ; tunc tua me infortunia lædent,
> Telephe vel Peleu : male si mandata loqueris,
> Aut dormitabo aut ridebo. Tristia mœstum
> Vultum verba decent (1).

Il ne faut pas faire à l'Eloquence le tort de penser qu'elle n'est
qu'un art frivole, dont un déclamateur se sert pour imposer à la
faible imagination de la multitude et pour trafiquer de la parole.
C'est un art très sérieux, qui est destiné à instruire, à réprimer les
passions, à corriger les mœurs, à soutenir les lois, à diriger les
délibérations publiques, à rendre les hommes bons et heureux.
Plus un déclamateur ferait d'efforts pour m'éblouir par les pres-
tiges de son discours, plus je me révolterais contre sa vanité. Son
empressement pour faire admirer son esprit me paraîtrait le rendre indigne de toute admiration. Je cherche un homme sérieux,
qui me parle pour moi et non pour lui, qui veuille mon salut, non

(1) Hor. *A. P.* v. 101.

sa vaine gloire. L'homme digne d'être écouté est celui qui ne se sert de la parole que pour la pensée, et de la pensée que pour la vérité et la vertu. Rien n'est plus méprisable qu'un parleur de métier, qui fait de ses paroles ce qu'un charlatan fait de ses remèdes.

Je prends pour juges de cette question les païens mêmes. Platon ne permet dans sa République aucune musique avec les tons efféminés des Lydiens. Les Lacédémoniens excluaient de la leur tous les instruments trop composés, qui pouvaient amollir les cœurs. L'harmonie qui ne va qu'à flatter l'oreille n'est qu'un amusement de gens faibles, et oisifs ; elle est indigne d'une république bien policée. Elle n'est bonne qu'autant que les sons y conviennent au sens des paroles, et que les paroles y inspirent des sentiments vertueux. La peinture, la sculpture et les autres beaux-arts doivent avoir le même but. L'Éloquence doit, sans doute, entrer dans le même dessein. Le plaisir n'y doit être mêlé que pour faire le contre-poids des mauvaises passions, et pour rendre la vertu aimable.

Je voudrais qu'un orateur se préparât longtemps en général, pour acquérir un fonds de connaissances, et pour se rendre capable de faire de bons ouvrages. Je voudrais que cette préparation générale le mît en état de se préparer moins pour chaque discours particulier. Je voudrais qu'il fût naturellement très sensé, et qu'il ramenât tout au bon sens ; qu'il fît de solides études ; qu'il s'exerçât à raisonner avec justesse et exactitude, se défiant de toute subtilité. Je voudrais qu'il se défiât de son imagination, pour ne se laisser jamais dominer par elle, et qu'il fondât chaque discours sur un principe indubitable, dont il tirerait les conséquences naturelles.

D'ordinaire un déclamateur fleuri ne connaît point les principes d'une saine philosophie, ni ceux de la doctrine évangélique pour perfectionner les mœurs. Il ne veut que des phrases brillantes et que des tours ingénieux. Ce qui lui manque le plus est le fond des choses. Il sait parler avec grâce, sans savoir ce qu'il faut dire. Il énerve les plus grandes vérités par un tour vain et trop orné.

Au contraire, le véritable orateur n'orne son discours que de sentiments nobles, que d'expressions fortes et proportionnées à ce qu'il tâche d'inspirer. Il pense, il sent, et la parole suit. *Il ne dépend point des paroles,* dit saint Augustin, *mais les paroles dépendent de lui.* Un homme qui a l'âme forte et grande, avec quelque facilité naturelle de parler, et un grand exercice, ne doit jamais craindre que les termes lui manquent. Ses moindres discours auront des traits originaux, que les déclamateurs fleuris ne pourront jamais imiter. Il n'est point esclave des mots; il va droit à la vérité. Il sait que la passion est comme l'âme de la parole. Il remonte d'abord au premier principe sur la matière qu'il veut débrouiller. Il met ce principe dans son vrai point de vue; il le tourne et le retourne, pour y accoutumer ses auditeurs les moins pénétrants. Il descend jusqu'aux dernières conséquences par un enchaînement court et sensible. Chaque vérité est mise en sa place par rapport au tout. Elle prépare, elle amène, elle appuie une autre qui a besoin de son secours. Cet arrangement sert à éviter les répétitions qu'on peut épargner au lecteur. Mais il ne retranche aucune des répétitions par lesquelles il est essentiel de ramener souvent l'auditeur au point qui décide lui seul de tout.

Il faut lui montrer souvent la conclusion dans le principe. De ce principe, comme du centre, se répand la lumière sur toutes les parties de cet ouvrage, de même qu'un peintre place dans son tableau le jour, en sorte que d'un seul endroit il distribue à chaque objet son degré de lumière. Tout le discours est un; il se réduit à une seule proposition mise au plus grand jour par des tours variés. Cette unité de dessein fait qu'on voit d'un seul coup d'œil l'ouvrage entier, comme on voit de la place publique d'une ville toutes les rues et toutes les portes, quand toutes les rues sont droites, égales et en symétrie. Le discours est la proposition développée : la proposition est le discours en abrégé.

Denique sit quodvis simplex duntaxat et unum (1).

Quiconque ne sent pas la beauté et la force de cette unité et de cet ordre n'a encore rien vu au grand jour : il n'a vu que des ombres dans la caverne de Platon. Que dirait-on d'un architecte qui ne sentirait aucune différence entre un grand palais, dont ous les bâtiments seraient proportionnés pour former un tout dans le même dessein, et un amas confus de petits édifices qui ne feraient point un vrai tout, quoiqu'ils fussent les uns auprès des autres? Quelle comparaison entre le Colisée et une multitude

(1) HOR. A. P. v. 23.

confuse de maisons irrégulières d'une ville? Un ouvrage n'a une
véritable unité, que quand on ne peut en rien ôter sans couper
dans le vif. Il n'a un véritable ordre que quand on ne peut en
déplacer aucune partie sans affaiblir, sans obscurcir, sans déran-
ger le tout.

Tout auteur qui ne donne point cet ordre à son discours ne pos-
sède pas assez sa matière : il n'a qu'un goût imparfait, et qu'un
demi-génie. L'ordre est ce qu'il y a de plus rare dans les opérations de l'esprit. Quand l'ordre, la justesse, la force et la véhémence se trouvent réunis, le discours est parfait. Mais il faut avoir
tout vu, tout pénétré et tout embrassé, pour savoir la place précise de chaque mot. C'est ce qu'un déclamateur, livré à son imagination, et sans science, ne peut discerner.

Isocrate est doux, insinuant, plein d'élégance ; mais peut-on le
comparer à Homère? Allons plus loin. Je ne crains pas de dire
que Démosthène me paraît supérieur à Cicéron. Je proteste que
personne n'admire Cicéron plus que je fais. Il embellit tout ce qu'il
touche ; il fait honneur à la parole ; il fait des mots ce qu'un autre n'en saurait faire ; il a je ne sais combien de sortes d'esprit.
Il est même court et véhément toutes les fois qu'il veut l'être, contre Catilina, contre Verrès, contre Antoine : mais on remarque
quelque parure dans son discours ; l'art y est merveilleux, mais
on l'entrevoit ; l'orateur, en pensant au salut de la République,
ne s'oublie pas, et ne se laisse point oublier. Démosthène paraît
sortir de soi, et ne voir que la patrie. Il ne cherche point le beau ;
il le fait sans y penser. Il est au-dessus de l'admiration. Il se sert
de la parole comme, un homme modeste de son habit, pour se
couvrir. Il tonne, il foudroie ; c'est un torrent qui entraîne tout.
On ne peut le critiquer, parce qu'on est saisi. On pense aux choses
qu'il dit, et non à ses paroles. On le perd de vue : on n'est occupé
que de Philippe qui envahit tout. Je suis charmé de ces deux orateurs ; mais j'avoue que je suis moins touché de l'art infini et de
la magnifique éloquence de Cicéron, que de la rapide simplicité
de Démosthène.

L'art se décrédite lui-même ; il se trahit en se montrant.
« Isocrate, dit Longin, est tombé... dans une faute de petit éco-
lier..... Et voici par où il débute : *Puisque le discours a naturellement la vertu de rendre les choses grandes petites, et les petites
grandes ; qu'il sait donner les grâces de la nouveauté aux choses
les plus vieilles, et qu'il fait paraître vieilles celles qui sont nou-*

vellement faites. Est-ce ainsi, dira quelqu'un, ô Isocrate, que vous allez changer toutes choses à l'égard des Lacédémoniens et des Athéniens ? En faisant de cette sorte l'éloge du discours, il fait proprement un exorde pour exhorter ses auditeurs à ne rien croire de ce qu'il leur va dire. » En effet, c'est déclarer au monde que les orateurs ne sont que des sophistes, tels que le Gorgias de Platon et que les autres rhéteurs de la Grèce, qui abusaient de la parole pour imposer au peuple.

Je ne puis me résoudre à finir cet article sans dire un mot de l'éloquence des Pères. Certaines personnes éclairées ne leur font pas une exacte justice. On en juge par quelque métaphore dure de Tertulien, par quelque période enflée de saint Cyprien, par quelque endroit obscur de saint Ambroise, par quelque antithèse subtile et rimée de saint Augustin, par quelque jeu de mots de saint Pierre Chrysologue. Mais il faut avoir égard au goût dépravé des temps où les Pères ont vécu. Le goût commençait à se gâter à Rome peu de temps après celui d'Auguste. Juvénal a moins de délicatesse qu'Horace ; Sénèque le tragique et Lucain ont une enflure choquante. Rome tombait ; les études d'Athènes même étaient déchues, quand saint Basile et saint Grégoire de Nazianze y allèrent. Les raffinements d'esprit avaient prévalu. Les Pères, instruits par les mauvais rhéteurs de leur temps, étaient entraînés dans le préjugé universel. C'est à quoi les sages mêmes ne résistent presque jamais. On ne croyait pas qu'il fût permis de parler d'une façon simple et naturelle. Le monde était, pour la parole, dans l'état où il serait pour les habits, si personne n'osait paraître vêtu d'une belle étoffe, sans la charger de la plus épaisse broderie. Suivant cette mode, il ne fallait point parler, il fallait déclamer. Mais si on veut avoir la patience d'examiner les écrits des Pères, on y verra des choses d'un grand prix. Saint Cyprien a une magnanimité, et une véhémence, qui ressemble à celle de Démosthène. On trouve dans saint Chrysostôme un jugement exquis, des images nobles, une morale sensible, et aimable. Saint Augustin est tout ensemble sublime et populaire ; il remonte aux plus hauts principes par les tours les plus familiers ; il interroge ; il se fait interroger ; il répond. C'est une conversation entre lui et son auditeur ; les comparaisons viennent à propos dissiper tous les doutes ; nous l'avons vu descendre jusqu'aux dernières grossièretés de la populace pour la redresser. Saint Bernard a été un prodige dans un siècle barbare. On trouve en lui de la délicatesse, de l'élévation, du tour, de la tendresse et de la véhémence. On est étonné de tout ce qu'il y a de beau et de grand dans les Pères, quand on connaît les siècles où ils ont écrit. On pardonne à Montaigne des expressions gasconnes, et à Marot un vieux langage; pourquoi ne veut-on point passer aux Pères l'enflure de leur temps, avec laquelle on trouverait des vérités précieuses et exprimées par les traits les plus forts?

Mais il ne m'appartient pas de faire ici l'ouvrage qui est réservé à quelque savante main; il me suffit de proposer en gros ce qu'on peut attendre de l'auteur d'une excellente Rhéthorique. Il peut embellir son ouvrage en imitant Cicéron par le mélange des exemples avec les préceptes. *Les hommes qui ont un génie pénétrant et rapide,* dit saint Augustin, *profitent plus facilement dans l'éloquence en lisant les discours des hommes éloquents, qu'en étudiant les préceptes mêmes de l'art.* On pourrait faire une agréable peinture des divers caractères des orateurs, de leurs mœurs, de leurs goûts et de leurs maximes. Il faudrait même les comparer ensemble, pour donner au lecteur de quoi juger du degré d'excellence de chacun d'entre eux.

V

PROJET DE POÉTIQUE.

Une Poétique ne me paraîtrait pas moins à désirer qu'une Rhétorique. La Poésie est plus sérieuse et plus utile que le vulgaire ne le croit. La Religion a consacré la Poésie à son usage dès l'origine du genre humain. Avant que les hommes eussent un texte d'écriture divine, les sacrés Cantiques, qu'ils savaient par cœur, conservaient la mémoire de l'origine du monde, et la tradition des merveilles de Dieu. Rien n'égale la magnificence et le transport des Cantiques de Moïse. Le Livre de Job est un poème plein des figures les plus hardies et les plus majestueuses. Le Cantique des Cantiques exprime avec grâce et tendresse l'union mystérieuse de Dieu époux avec l'âme de l'homme, qui devient son épouse. Les Psaumes seront l'admiration et la consolation de tous les siècles et de tous les peuples où le vrai Dieu sera connu et senti. Toute l'Ecriture est pleine de poésie, dans les endroits même où l'on ne trouve aucune trace de versification.

D'ailleurs, la Poésie a donné au monde les premières lois.

C'est elle qui a adouci les hommes farouches et sauvages, qui les a rassemblés des forêts où ils étaient épars et errants, qui les a policés, qui a réglé les mœurs, qui a formé les familles et les nations, qui a fait sentir les douceurs de la société, qui a rappelé l'usage de la raison, cultivé la vertu, et inventé les beaux-arts. C'est elle qui a élevé les courages pour la guerre, et qui les a modérés pour la paix.

La parole animée par les vives images, par les grandes figures, par le transport des passions, et par le charme de l'harmonie, fut nommée le langage des dieux. Les peuples les plus barbares même n'y ont pas été insensibles. Autant qu'on doit mépriser les mauvais poètes, autant doit-on admirer et chérir un grand poète, qui ne fait point de la poésie un jeu d'esprit, pour s'attirer une vaine gloire, mais qui l'emploie à transporter les hommes en faveur de la sagesse, de la vertu et de la Religion.

Me sera-t-il permis de représenter ici ma peine sur ce que la perfection de la versification française me paraît presque impossible? Ce qui me confirme dans cette pensée, est de voir que nos plus grands poètes ont fait beaucoup plus de vers faibles. Personne n'en a fait de plus beaux que Malherbe : combien en a-t-il fait qui ne sont guère dignes de lui! Ceux même d'entre nos poètes les plus estimables qui ont eu le moins d'inégalité, en ont fait assez souvent de raboteux, d'obscurs, et de languissants. Ils ont voulu donner à leur pensée un tour délicat, et il la faut chercher. Ils sont pleins d'épithètes forcées, pour attraper la rime. En retranchant certains vers, on ne retrancherait aucune beauté. C'est ce qu'on remarquerait sans peine, si on examinait chacun de leurs vers en toute rigueur.

Notre versification perd plus, si je ne me trompe, qu'elle ne gagne par les rimes. Elle perd beaucoup de variété, de facilité, et d'harmonie. Souvent la rime, qu'un poète va chercher bien loin, le réduit à allonger et à faire languir son discours : il lui faut deux ou trois vers postiches, pour en amener un dont il a besoin. On est scrupuleux pour n'employer que des rimes riches, et on ne l'est ni sur le fond des pensées et des sentiments, ni sur la clarté des termes, ni sur les tours naturels, ni sur la noblesse des expressions. La rime ne nous donne que l'uniformité des finales, qui est ennuyeuse, et qu'on évite dans la prose, tant elle est loin de flatter l'oreille. Cette répétition de syllabes finales lasse même dans les grands vers héroïques, où deux masculins sont toujours suivis de deux féminins.

Il est vrai qu'on trouve plus d'harmonie dans les Odes et dans les Stances, où les rimes entrelacées ont plus de cadence et de variété. Mais les grands vers héroïques, qui demanderaient le son le plus doux, le plus varié, et le plus majestueux, sont souvent ceux qui ont le moins cette perfection.

Les vers irréguliers ont le même entrelacement de rimes que les Odes. De plus, leur inégalité sans règle uniforme, donne la liberté de varier leur mesure et leur cadence, suivant qu'on veut s'élever ou se rabaisser. M. de La Fontaine en a fait un très bon usage.

Je n'ai garde néanmoins de vouloir abolir les rimes. Sans elles notre versification tomberait. Nous n'avons point dans notre langue cette diversité de brèves et de longues, qui faisait dans le grec et dans le latin la règle des pieds, et la mesure des vers. Mais je croirais qu'il serait à propos de mettre nos poètes un peu plus au large sur les rimes, pour leur donner le moyen d'être plus exacts sur le sens et sur l'harmonie. En relâchant un peu sur la rime, on rendrait la raison plus parfaite; on viserait avec plus de facilité au beau, au grand, au simple, au facile ; on épargnerait aux plus grands poètes des tours forcés, des épithètes cousues, des pensées qui ne se présentent pas d'abord assez clairement à l'esprit.

L'exemple des Grecs et des Latins peut nous encourager à prendre cette liberté. Leur versification était sans comparaison moins gênante que la nôtre. La rime est plus difficile elle seule que toutes leurs règles ensemble. Les Grecs avaient néanmoins recours aux vers dialectes. De plus, les uns et les autres avaient des syllabes superflues qu'ils ajoutaient librement, pour remplir leurs vers. Horace se donne de grandes commodités pour la versification dans ses Satires, dans ses Epîtres, même en quelques Odes. Pourquoi ne chercherions-nous pas de semblables soulagements, nous dont la versification est si gênante, et si capable d'amortir le feu d'un bon poète ?

La sévérité de notre langue contre presque toutes les inversions de phrases augmente encore infiniment la difficulté de faire des vers français. On s'est mis à pure perte dans une espèce de torture pour faire un ouvrage. Nous serions tentés de croire qu'on a cherché le difficile, plutôt que le beau. Chez nous un poète a autant besoin de penser à l'arrangement d'une syllabe, qu'aux plus grands sentiments, qu'aux plus vives peintures, qu'aux traits les plus hardis. Au contraire, les anciens facilitaient par des inversions fréquentes les belles cadences, la variété, et les expressions passionnées. Les inversions se tournaient en grande figure, et tenaient l'esprit suspendu dans l'attente du merveilleux.

J'avoue qu'il ne faut point introduire tout-à-coup dans notre langue un grand nombre de ces inversions. On n'y est point accoutumé ; elles paraîtraient dures et pleines d'obscurité. L'ode pindarique de M. Despréaux n'est pas exempte, ce me semble, de cette imperfection. Je le remarque avec d'autant plus de liberté, que j'admire d'ailleurs les ouvrages de ce grand poète. Il faudrait choisir de proche en proche les inversions les plus douces et les plus voisines de celles que notre langue permet déjà. Par exemple, toute notre nation a approuvé celles-ci :

> Là se perdent ces noms de maîtres de la terre,
> . . . .
> Et tombent avec eux d'une chute commune
> Tous ceux que leur fortune
> Faisait leurs serviteurs.

Ronsard avait trop entrepris tout-à-coup. Il avait forcé notre langue par des inversions trop hardies et obscures ; c'était un langage crû et uniforme. Il y ajoutait trop de mots composés, qui n'étaient point encore introduits dans le commerce de la nation. Il parlait français en grec, malgré les Français mêmes. Il n'avait pas tort, ce me semble, de tenter quelque nouvelle route, pour enrichir notre langue, pour enhardir notre poésie, et pour dénouer notre versification naissante. Mais, en fait de langue, on ne vient à bout de rien sans l'aveu des hommes pour lesquels on parle. On ne doit jamais faire deux pas à la fois, et il faut s'arrêter, dès qu'on ne se voit pas suivi de la multitude. La singularité est dangereuse en tout : elle ne peut être excusée dans les choses qui ne dépendent que de l'usage.

L'excès choquant de Ronsard nous a un peu jetés dans l'extrémité opposée. On a appauvri, desséché, et gêné notre langue. Elle n'ose jamais procéder que suivant la méthode la plus scrupuleuse et la plus uniforme de la grammaire. On voit toujours venir d'abord un nominatif substantif, qui mène son adjectif comme par la main ; son verbe ne manque pas de marcher derrière, suivi d'un adverbe qui ne souffre rien entre deux, et le régime appelle aussitôt un accusatif, qui ne peut jamais se déplacer. C'est ce qui exclut toute suspension de l'esprit, toute attention, toute surprise, toute variété, et souvent toute magnifique cadence.

Je conviens d'un autre côté qu'on ne doit jamais hasarder aucune locution ambiguë. J'irais même d'ordinaire, avec Quintilien, jusqu'à éviter toute phrase que le lecteur entend, mais qu'il pourrait ne pas entendre s'il ne suppléait pas ce qui y manque. Il faut une diction simple, précise et dégagée, où tout se développe de soi-même, et aille au-devant du lecteur. Quand un auteur parle au public, il n'y a aucune peine qu'il ne doive prendre, pour en épargner à son lecteur. Il faut que tout le travail soit pour lui seul, et tout le plaisir, avec tout le fruit, pour celui dont il veut être lu. Un auteur ne doit laisser rien à chercher dans sa pensée. Il n'y a que les faiseurs d'énigmes qui soient en droit de présenter un sens enveloppé. Auguste voulait qu'on usât de répétitions fréquentes, plutôt que de laisser quelque péril d'obscurité dans le discours. En effet, le premier de tous les devoirs d'un homme qui n'écrit que pour être entendu, est de soulager son lecteur, en se faisant d'abord entendre.

J'avoue que nos plus grands poètes français, gênés par les lois rigoureuses de notre versification, manquent en quelques endroits de ce degré de clarté parfaite. Un homme qui pense beaucoup veut beaucoup dire ; il ne peut se résoudre à rien perdre ; il sent le prix de tout ce qu'il a trouvé, il fait de grands efforts pour renfermer tout dans les bornes étroites d'un vers. On veut même trop de délicatesse ; elle dégénère en subtilité. On veut éblouir et surprendre, on veut avoir plus d'esprit que son lecteur et le lui faire sentir, pour lui enlever son admiration ; au lieu qu'il faudrait n'en avoir jamais plus que lui, et lui en donner même sans paraître en avoir. On ne se contente pas de la simple raison, des grâces naïves, du sentiment le plus vif, qui font la perfection réelle. On va un peu au-delà du but par amour-propre. On ne sait pas être sombre dans la recherche du beau, on ignore l'art de s'arrêter tout court en-deçà des ornements ambitieux. Le mieux auquel on aspire fait qu'on gâte le bien, dit un proverbe italien. On tombe dans le défaut de répandre un peu trop de sel, et de vouloir donner un goût trop relevé à ce qu'on assaisonne. On fait comme ceux qui chargent une étoffe de trop de broderie. Le goût exquis craint le trop en tout, sans en excepter l'esprit même. L'esprit lasse beaucoup, dès qu'on l'affecte et qu'on le prodigue. C'est en avoir de reste que d'en savoir retrancher, pour s'accommoder à celui de la multitude et pour lui aplanir le chemin. Les poëtes qui ont le plus d'essor de génie, d'étendue de pensées, et de fécondité, sont ceux qui doivent le plus craindre cet écueil de l'excès d'esprit. C'est, dira-t-on, un beau défaut; c'est un défaut merveilleux. J'en conviens; mais c'est un vrai défaut, et l'un des plus difficiles à corriger.

On gagne beaucoup en perdant tous les ornements superflus, pour se borner aux beautés simples, faciles, claires, et négligées en apparence. Pour la Poésie, comme pour l'Architecture, il faut que tous les morceaux nécessaires se tournent en ornements naturels. Mais tout ornement, qui n'est qu'ornement, est de trop; retranchez-le, il ne manque rien; il n'y a que la vanité qui en souffre. Un auteur qui a trop d'esprit, et qui en veut toujours avoir, lasse et épuise le mien. Je n'en veux point avoir tant; s'il en montrait moins, il me laisserait respirer, et me ferait plus de plaisir. Il me tient trop tendu; la lecture de ses vers me devient une étude. Tant d'éclairs m'éblouissent : je cherche une lumière douce, qui soulage mes faibles yeux. Je demande un poëte aimable, proportionné au commun des hommes, qui fasse tout pour eux, et rien pour lui. Je veux un sublime si familier, si doux et si simple, que chacun soit d'abord tenté de croire qu'il l'aurait trouvé sans peine, quoique peu d'hommes soient capables de le trouver. Je préfère l'aimable au surprenant et au merveilleux. Je veux un homme qui me fasse oublier qu'il est auteur, et qui se mette comme de plainpied en conversation avec moi. Je veux qu'il me mette devant les yeux un laboureur qui craint pour ses moissons, un berger qui ne connaît que son village et son troupeau, une nourrice attendrie pour son petit enfant. Je veux qu'il me fasse penser, non à lui et à son bel esprit, mais aux bergers qu'il fait parler.

Combien un homme est-il au-dessus de ce qu'on nomme esprit, quand il ne craint point d'en cacher une partie! Afin qu'un ouvrage soit véritablement beau, il faut que l'auteur s'y oublie, et me permette de l'oublier. Il faut qu'il me laisse seul en pleine liberté.

Les ouvrages brillants et façonnés imposent et éblouissent; mais ils ont une pointe fine qui s'émousse bientôt. Ce n'est ni le difficile, ni le rare, ni le merveilleux que je cherche, c'est le beau simple, aimable et commode que je goûte. Si les fleurs qu'on foule aux pieds dans une prairie sont aussi belles que celles des plus somptueux jardins, je les en aime mieux Je n'envie rien à personne.

Le beau ne perdrait rien de son prix, quand il serait commun à tout le genre humain ; il en serait plus estimable. La rareté est un défaut et une pauvreté de la nature. Les rayons du soleil n'en sont pas moins un grand trésor, quoiqu'ils éclairent tout l'univers. Je veux un beau si naturel, qu'il n'ait aucun besoin de me surprendre par sa nouveauté. Je veux que ses grâces ne vieillissent jamais, et que je ne puisse presque me passer de lui.

La Poésie est sans doute une imitation et une peinture. Représentons-nous donc Raphaël qui fait un tableau. Il se garde bien de faire des figures bizarres, à moins qu'il ne travaille dans le grotesque. Il ne cherche point un coloris éblouissant. Loin de vouloir que l'art saute aux yeux, il ne songe qu'à le cacher. Il voudrait pouvoir tromper le spectateur, et lui faire prendre son tableau pour Jésus-Christ même transfiguré sur le Thabor. Sa peinture n'est bonne qu'autant qu'on y trouve de vérité. L'art est défectueux dès qu'il est outré ; il doit viser à la ressemblance. Puisqu'on prend tant de plaisir à voir dans un paysage du Titien des chèvres qui grimpent sur une colline pendante en précipice, ou dans un tableau de Téniers des festins de village et des danses rustiques, faut-il s'étonner qu'on aime à voir dans l'Odyssée des peintures si naïves du détail de la vie humaine? On croit être dans les lieux qu'Homère dépeint, y voir et y entendre les hommes. Cette simplicité de mœurs semble ramener l'âge d'or. Le bonhomme Eumée me touche bien plus qu'un héros de *Clélie* ou de *Cléopâtre*. Les vains préjugés de notre temps avilissent de telles beautés. Mais nos défauts ne diminuent point le vrai prix d'une vie si raisonnable et si naturelle.

Les anciens ne se sont pas contentés de peindre simplement d'après nature : ils ont joint la passion à la vérité.

Homère ne peint point un jeune homme qui va périr dans les combats, sans lui donner des grâces touchantes. Il le représente plein de courage et de vertu ; il vous engage à craindre pour sa vie ; il vous montre son père accablé de vieillesse, et alarmé des périls de ce cher enfant ; il vous fait voir la nouvelle épouse de ce jeune homme, qui tremble pour lui : vous tremblez avec elle. C'est une espèce de trahison. Le poëte ne vous attendrit avec tant de grâce et de douceur, que pour vous mener au moment fatal où vous voyez tout-à-coup celui que vous aimez qui nage dans son sang, et dont les yeux sont fermés par l'éternelle nuit.

Virgile prend pour Pallas, fils d'Evandre, les mêmes soins de nous affliger, qu'Homère avait pris de nous faire pleurer Patrocle. Nous sommes charmés de la douleur que Nisus et Euryale nous coûtent. J'ai vu un jeune prince à huit ans saisi de douleur à la vue du péril du petit Joas. Je l'ai vu impatient sur ce que le grand-prêtre cachait à Joas son nom et sa naissance Je l'ai vu pleurer amèrement en écoutant ces vers,

> Ah miseram Eurydicen anima fugiente vocabat ;
> Eurydicen toto referebant flumine ripæ (1).

Le poète ne fait jamais mourir personne, sans peindre vivement quelque circonstance qui intéresse le lecteur.

Que peut-on voir de plus simple et de plus touchant dans un poème, que le roi Priam réduit dans sa vieillesse à baiser *les mains meurtrières* d'Achille, qui ont arraché la vie à ses enfants ? Il lui demande, pour unique adoucissement de ses maux, le corps du grand Hector ; il aurait gâté tout, s'il eût donné le moindre ornement à ses paroles. Aussi n'expriment-elles que sa douleur. Il le conjure par son père accablé de vieillesse d'avoir pitié du plus infortuné de tous les pères.

Le bel esprit a le malheur d'affaiblir les grandes passions qu'il prétend orner. C'est peu, selon Horace, qu'un poème soit beau et brillant ; il faut qu'il soit touchant, aimable, et par conséquent simple, naturel et passionné.

> Non satis est pulchra esse poemata : dulcia sunto,
> Et quocunque volent animum auditoris agunto (2).

Le beau qui n'est que beau, c'est-à-dire brillant, n'est beau qu'à demi ; il faut qu'il exprime les passions pour les inspirer ; il faut qu'il s'empare du cœur, pour le tourner vers le but légitime d'un poème.

VI

PROJET D'UN TRAITÉ SUR L'HISTOIRE.

Il est, ce me semble, à désirer pour la gloire de l'Académie, qu'elle nous procure un traité sur l'Histoire. Il y a très peu d'his-

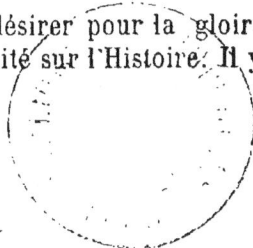

(1) VIRG. *Géorg.* IV, v, 526.
(2) *A. P.* v. 99.

toriens qui soient exempts de grands défauts. L'Histoire est néanmoins très importante. C'est elle qui nous montre les grands exemples, qui fait servir les vices mêmes des méchants à l'instruction des bons, qui débrouille les origines, et qui explique par quel chemin les peuples ont passé d'une forme de gouvernement à une autre.

Le bon historien n'est d'aucun temps ni d'aucun pays. Quoiqu'il aime sa patrie, il ne la flatte jamais en rien. L'historien français doit se rendre neutre entre la France et l'Angleterre. Il doit louer aussi volontiers Talbot que Duguesclin. Il rend autant de justice aux talents militaires du prince de Galles qu'à la sagesse de Charles V.

Il évite également les panégyriques et les satires. Il ne mérite d'être cru qu'autant qu'il se borne à dire sans flatterie et sans malignité le bien et le mal. Il n'omet aucun fait qui puisse servir à peindre les hommes principaux, et à découvrir les causes des événements; mais il retranche toute dissertation où l'érudition d'un savant veut être étalée. Toute sa critique se borne à donner comme douteux ce qui l'est, et à en laisser la décision au lecteur, après lui avoir donné ce que l'histoire lui fournit. L'homme qui est plus savant qu'il n'est historien, et qui a plus de critique que de vrai génie, n'épargne à son lecteur aucune date, aucune circonstance superflue, aucun fait sec et détaché. Il suit son goût, sans consulter celui du public. Il veut que tout le monde soit aussi curieux que lui des minuties vers lesquelles il tourne son insatiable curiosité. Au contraire, un historien sobre et discret laisse tomber les menus faits qui ne mènent le lecteur à aucun but important. Retranchez ces faits, vous n'ôtez rien à l'histoire. Ils ne font qu'interrompre, qu'allonger, que faire une histoire, pour ainsi dire, hachée en petits morceaux, et sans aucun fil de vive narration. Il faut laisser cette superstitieuse exactitude aux compilateurs. Le grand point est de mettre d'abord le lecteur dans le fond des choses, de lui en découvrir les liaisons, et de se hâter de le faire arriver au dénouement. L'Histoire doit en ce point ressembler un peu au Poème Epique :

> Semper ad eventum festinat, et in medias res
> Non secus ac notas auditorem rapit, et, quæ
> Desperat tractata nitescere posse, relinquit (1).

(1) HOR. *A. P.* v. 148.

Il y a beaucoup de faits vagues, qui ne nous apprennent que des noms et des dates stériles : il né vaut guère mieux savoir ces noms que les ignorer. Je ne connais point un homme, en ne connaissant que son nom. J'aime mieux un historien peu exact et peu judicieux, qui estropie les noms, mais qui peint naïvement tout le détail, comme Froissart, que les historiens qui me disent que Charlemagne tint son parlement à Ingelheim, qu'ensuite il partit, qu'il alla battre les Saxons, et qu'il revint à Aix-la-Chapelle : c'est ne m'apprendre rien d'utile. Sans les circonstances, les faits demeurent comme décharnés : ce n'est que le squelette d'une histoire.

La principale perfection d'une histoire consiste dans l'ordre et dans l'arrangement. Pour parvenir à ce bel ordre, l'historien doit embrasser et posséder toute son histoire. Il doit la voir tout entière, comme d'une seule vue. Il faut qu'il la tourne et qu'il la retourne de tous les côtés, jusqu'à ce qu'il ait trouvé son vrai point de vue. Il faut en montrer l'unité, et tirer, pour ainsi dire, d'une seule source tous les principaux événements qui en dépendent. Par là il instruit utilement son lecteur, il lui donne le plaisir de prévoir, il l'intéresse, il lui met devant les yeux un système des affaires de chaque temps, il lui débrouille ce qui en doit résulter, il le fait raisonner sans lui faire aucun raisonnement, il lui épargne beaucoup de redites, il ne le laisse jamais languir, il lui fait même une narration facile à retenir par la liaison des faits.

Un sec et triste faiseur d'annales ne connaît point d'autre ordre que celui de la chronologie. Il répète un fait toutes les fois qu'il a besoin de raconter ce qui tient à ce fait; il n'ose ni avancer ni reculer aucune narration. Au contraire, l'historien qui a un vrai génie choisit sur vingt endroits celui où un fait sera mieux placé, pour répandre la lumière sur tous les autres. Souvent un fait montré par avance de loin débrouille tout ce qui le prépare. Souvent un autre fait sera mieux dans son jour, étant mis en arrière. En se présentant plus tard, il viendra plus à propos pour faire naître d'autres événements. C'est ce que Cicéron compare au soin qu'un homme de bon goût prend pour placer de bons tableaux dans un jour avantageux, *Videtur tanquam tabulas bene victas collocare in bono lumine.*

Ainsi un lecteur habile a le plaisir d'aller sans cesse en avant sans distraction, de voir toujours un événement sortir d'un autre, et de chercher la fin, qui lui échappe, pour lui donner plus d'impatience d'y arriver. Dès que sa lecture est finie, il regarde der-rière lui, comme un voyageur curieux, qui, étant arrrivé sur une montagne, se tourne, et prend plaisir à considérer de ce point de vue le chemin qu'il a suivi, et les beaux endroits qu'il a traversés.

Une circonstance bien choisie, un mot bien rapporté, un geste qui a rapport au génie ou à l'humeur d'un homme, est un trait original et précieux dans l'Histoire. Il vous met devant les yeux cet homme tout entier. C'est ce que Plutarque et Suétone ont fait parfaitement ; c'est ce qu'on trouve avec plaisir dans le cardinal d'Ossat. Vous croyez voir Clément VIII qui lui parle tantôt à cœur ouvert, et tantôt avec réserve.

Un historien doit retrancher beaucoup d'épithètes superflues et d'autres ornements du discours. Par ce retranchement il rendra son histoire plus courte, plus vive, plus simple, plus gracieuse. Il doit inspirer par une pure narration la plus solide morale, sans moraliser. Il doit éviter les sentences, comme de vrais écueils. Son histoire sera assez ornée, pourvu qu'il y mette avec le véri-ble ordre une diction claire, pure, courte et noble. *Nil est in his-toria,* dit Cicéron, *pura et illustri brevitate dulcius.* L'Histoire perd beaucoup à être parée. Rien n'est plus digne de Cicéron que cette remarque sur les Commentaires de César : *Commentarios quosdam scripsit rerum suarum, valde quidem probandos.* Nudi *enim sunt, recti et venusti, omni ornatu orationis tanquam veste detracto. Sed dum voluit alios habere parata, unde sumerent, qui vellent scribere historiam,* ineptis *gratum fortasse fecit, qui volent illa calamistris inurere : sanos quidem homines a scribendo de-terruit.* Un bel esprit méprise une histoire *nue.* Il veut l'habiller, l'orner de broderie, et la *friser.* C'est une erreur, *ineptis.* L'hom-me judicieux, et d'un goût exquis, désespère d'ajouter rien de beau à cette nudité si noble et si majestueuse.

Le point le plus nécessaire et le plus rare pour un historien, est qu'il sache exactement la forme du gouvernement et le détail des mœurs de la nation dont il écrit l'histoire, pour chaque siècle. Un peintre qui ignore ce qu'on nomme *il costume* (1) ne peint rien avec vérité. Les peintres de l'école lombarde, qui ont d'ailleurs si naïvement représenté la nature, ont manqué de science en ce point. Ils ont peint le Grand-Prêtre des Juifs comme un pape, et les Grecs de l'antiquité comme les hommes qu'ils voyaient en

---

(1) Ce mot italien équivaut à *couleur locale.*

Lombardie. Il n'y aurait néanmoins rien de plus faux et de plus choquant que de peindre les Français du temps de Henri II avec des perruques et des cravates, ou de peindre les Français de notre temps avec des barbes et des fraises. Chaque nation a ses mœurs très différentes de celles des peuples voisins. Chaque peuple change souvent pour ses propres mœurs. Les Perses, pendant l'enfance de Cyrus, étaient aussi simples que les Mèdes leurs voisins étaient mous et fastueux. Les Perses prirent dans la suite cette mollesse et cette vanité. Un historien montrerait une ignorance grossière, s'il représentait les repas de Curius ou de Fabricius comme ceux de Lucullus ou d'Apicius. On rirait d'un historien qui parlerait de la magnificence de la cour des rois de Lacédémone, ou de celle de Numa. Il faut peindre la puissante et heureuse pauvreté des anciens Romains.

Il ne faut pas oublier combien les Grecs étaient encore simples et sans faste du temps d'Alexandre, en comparaison des Asiatiques. Le discours de Charidème à Darius le fait assez voir. Il n'est point permis de représenter la maison très simple où Auguste vécut quarante ans, avec la maison d'or que Néron fit faire bientôt après.

Notre nation ne doit point être peinte d'une façon uniforme. Elle a eu des changements continuels. Un historien qui représentera Clovis environné d'une cour polie, galante et magnifique, aura beau être vrai dans les faits particuliers ; il sera faux pour le fait principal des mœurs de toute la nation. Les Francs n'étaient alors qu'une troupe errante et farouche, presque sans lois et sans police, qui ne faisait que des ravages et des invasions. Il ne faut pas confondre les Gaulois polis par les Romains avec ces Francs si barbares. Il faut laisser Charlemagne ; mais elle doit s'évanouir d'abord. La prompte chute de sa maison replongea l'Europe dans une affreuse barbarie. Saint Louis fut un prodige de raison et de vertu dans un siècle de fer. A peine sortons-nous de cette longue nuit. La résurrection des lettres et des arts a commencé en Italie, et a passé en France fort tard. La mauvaise subtilité du bel esprit en a retardé le progrès.

Les changements dans la forme du gouvernement d'un peuple doivent être observés de près. Par exemple, il y avait d'abord chez nous des terres *saliques* distinguées des autres terres, et destinées aux militaires de la nation. Il ne faut jamais confondre les comtés *bénéficiaires* du temps de Charlemagne, qui n'étaient que des emplois personnels, avec les comtés *héréditaires*, qui devinrent sous ses successeurs des établissements de famille. Il faut distinguér les Parlements de la seconde race, qui étaient les assemblées de la nation, d'avec les divers Parlements établis par les rois de la troisième race dans les provinces, pour juger des procès des particuliers. Il faut connaître l'origine des fiefs, le service des feudataires, l'affranchissement des serfs, l'accroissement des communautés, l'élévation du tiers état, l'introduction des clercs praticiens, pour être les conseillers des nobles peu instruits des lois, et l'établissement des troupes à la solde du roi, pour éviter les surprises des Anglais établis au milieu du royaume. Les mœurs et l'état de tout le corps de la nation ont changé d'âge en âge. Sans remonter plus haut, le changement des mœurs est presque incroyable depuis le règne d'Henri IV. Il est cent fois plus important d'observer ces changements de la nation entière, que de rapporter simplement des faits particuliers.

Si un homme éclairé s'appliquait à écrire sur les règles de l'Histoire, il pourrait joindre les exemples aux préceptes. Il pourrait juger des historiens de tous les siècles ; il pourrait remarquer qu'un excellent historien est peut-être encore plus rare qu'un grand poète.

Hérodote, qu'on nomme le père de l'Histoire, raconte parfaitement. Il a même de la grâce par la variété des matières ; mais son ouvrage est plutôt un recueil de relations de divers pays, qu'une histoire qui ait de l'unité avec un véritable ordre.

Xénophon n'a fait qu'un journal dans sa Retraite des dix mille. Tout y est précis et exact, mais uniforme. Sa Cyropédie est plutôt un roman de philosophie, comme Cicéron l'a cru, qu'une histoire véritable.

Polybe est habile dans l'art de la guerre et dans la politique ; mais il raisonne trop, quoiqu'il raisonne très bien. Il va au-delà des bornes d'un simple historien. Il développe chaque événement dans sa cause : c'est une anatomie exacte. Il montre par une espèce de mécanique qu'un tel peuple doit vaincre un tel autre peuple, et qu'une telle paix faite entre Rome et Carthage ne saurait durer.

Thucydide et Tite-Live ont de très belles harangues ; mais, selon les apparences, ils les composent au lieu de les rapporter. Il est très difficile qu'ils les aient trouvées telles dans les originaux du temps. Tite-Live savait beaucoup moins exactement que Polybe la guerre de son siècle.

Salluste a écrit avec une noblesse et une grâce singulière; mais il s'est trop étendu en peinture des mœurs, et en portraits des personnes, dans deux histoires très courtes.

Tacite montre beaucoup de génie, avec une profonde connaissance des cœurs les plus corrompus ; mais il affecte trop une brièveté mystérieuse. Il est trop plein de détours poétiques dans ses descriptions. Il a trop d'esprit, il raffine trop ; il attribue aux plus subtils ressorts de la politique ce qui ne vient souvent que d'un mécompte, que d'une humeur bizarre, que d'un caprice. Les plus grands événements sont souvent causés par les causes les plus méprisables. C'est la faiblesse, c'est l'habitude, c'est la mauvaise honte, c'est le dépit, c'est le conseil d'un affranchi, qui décide, pendant que Tacite creuse pour découvrir les plus grands raffinements dans les conseils de l'Empereur. Presque tous les hommes sont médiocres, et superficiels pour le mal comme pour le bien. Tibère, l'un des plus méchants hommes que le monde ait vus, était plus entraîné par ses craintes, que déterminé par un plan suivi.

Davila se faire lire avec plaisir ; mais il parle comme s'il était entré dans les conseils les plus secrets. Un seul homme ne peut jamais avoir eu la confiance de tous les partis opposés. De plus, chaque homme avait quelque secret, qu'il n'avait garde de confier à celui qui a écrit l'histoire. On ne sait la vérité que par morceaux. L'historien qui veut m'apprendre ce que je vois qu'il ne peut pas savoir, me fait douter sur les faits mêmes qu'il sait.

Cette critique des historiens anciens et modernes serait très utile et très agréable, sans blesser aucun auteur vivant.

DISCOURS DE FÉNELON

PRONONCÉ DANS L'ACADÉMIE FRANÇAISE,

LE JOUR DE SA RÉCEPTION, LE 31 MARS 1693 (1).

—o—◦❦◦—o—

J'aurais besoin, Messieurs, de succéder à l'éloquence de M. Pellisson, aussi bien qu'à sa place, pour vous remercier de l'honneur
que vous me faites aujourd'hui, et pour réparer dans cette compagnie la perte d'un homme si estimable.

Dès son enfance il apprit d'Homère, en le traduisant presque
tout entier, à mettre dans les moindres peintures et de la vie et de
la grâce. Bientôt il fit sur la Jurisprudence un ouvrage où l'on
ne trouvera d'autre défaut que celui de n'être pas conduit jusqu'à
sa fin. Par de si beaux essais, il se hâtait, Messieurs, d'arriver à ce
qui passa pour son chef-d'œuvre, je veux dire l'Histoire de l'Académie. Il y montra son caractère, qui était la facilité, l'invention,
l'élégance, l'insinuation, la justesse, le tour ingénieux. Il osait
heureusement, pour parler comme Horace ; ses mains faisaient
naître les fleurs de tous les côtés ; tout ce qu'il touchait était em-
belli. Des plus viles herbes des champs, il savait faire des cou-
ronnes pour les héros, et la règle si nécessaire aux autres de ne
toucher jamais que ce qu'on peut orner, ne semblait pas faite pour
lui. Son style noble et léger ressemblait à la démarche des divi-
nités fabuleuses qui coulaient dans les airs sans poser les pieds sur
la terre. Il racontait (vous le savez mieux que moi, Messieurs),
avec un tel choix des circonstances, avec une si agréable variété,
avec un tour si propre et si nouveau jusque dans les choses les plus
communes, avec tant d'industrie pour enchaîner les faits les uns
dans les autres, avec tant d'art pour transporter le lecteur dans le

(1) Il succédait à Pellisson, qui était mort le 7 février 1693.

temps où les choses s'étaient passées, qu'on s'imagine y être, et qu'on s'oublie dans le doux tissu de ses narrations.

Tout le monde y a lu avec plaisir la naissance de l'Académie. Chacun pendant cette lecture croit être dans la maison de M. Conrart, qui en fut comme le berceau ; chacun se plaît à remarquer la simplicité, l'ordre, la politesse, l'élégance qui régnaient dans ses premières assemblées, et qui attirèrent les regards d'un puissant ministre ; ensuite les jalousies et les ombrages qui troublèrent ces beaux commencements ; enfin l'éclat qu'eut cette compagnie par les ouvrages des premiers académiciens. Vous y reconnaissez l'illustre Racan, héritier de l'harmonie de Malherbe ; Vaugelas, dont l'oreille fut si délicate pour la pureté de la langue ; Corneille, grand et hardi dans ses caractères, où est marquée une main de maître ; Voiture, toujours accompagné des grâces les plus riantes et les plus légères. On y trouve le mérite et la vertu joints à l'érudition et à la délicatesse, la naissance et les dignités avec le goût exquis des lettres. Mais je m'engage insensiblement au-delà de mes bornes : en parlant des morts je m'approche trop des vivants, dont je blesserais la modestie par mes louanges.

Pendant cet heureux renouvellement des lettres, M. Pellisson présente un beau spectacle à la postérité. Armand, cardinal de Richelieu, changeait alors la face de l'Europe, et recueillant les débris de nos guerres civiles, posait les vrais fondements d'une puissance supérieure à toutes les autres. Pénétrant dans le secret de nos ennemis, et impénétrable pour celui de son maître, il remuait de son cabinet les plus profonds ressorts dans les Cours étrangères, pour tenir nos voisins toujours divisés. Constant dans ses maximes et inviolable dans ses promesses, il faisait sentir ce que peuvent la réputation du gouvernement et la confiance des alliés. Né pour connaître les hommes, et pour les employer selon leurs talents, il les attachait par le cœur à sa personne et à ses desseins pour l'État. Par ces puissants moyens, il portait chaque jour des coups mortels à l'impérieuse maison d'Autriche, qui menaçait de son joug tous les pays chrétiens. En même temps il faisait au dedans du royaume la plus nécessaire de toutes les conquêtes, domptant l'hérésie tant de fois rebelle. Enfin (ce qu'il trouva le plus difficile), il calmait une Cour orageuse, où les Grands, inquiets et jaloux, étaient en possession de l'indépendance. Aussi le temps, qui efface les autres noms, fait croître le sien ; et à mesure qu'il s'éloigne de nous, il est mieux dans son point de vue.

Mais parmi ses pénibles veilles il sut se faire un doux loisir, pour se délasser par le charme de l'Eloquence et de la Poésie. Il reçut dans son sein l'Académie naissante ; un magistrat éclairé et amateur des lettres en prit après lui la protection ; Louis y a ajouté l'éclat qu'il répand sur tout ce qu'il favorise de ses regards : à l'ombre de son grand nom, on ne cesse point ici de retrancher la pureté et la délicatesse de notre langue.

Depuis que des hommes savants et judicieux ont remonté aux véritables règles, on n'abuse plus, comme on le faisait autrefois, de l'esprit et de la parole. On a pris un genre d'écriture plus simple, plus naturel, plus court, plus nerveux, plus précis. On ne s'attache plus aux paroles que pour exprimer toute la force des pensées ; et on n'admet que les pensées vraies, solides, concluantes pour le sujet où l'on se renferme. L'érudition, autrefois si fastueuse, ne se montre plus que pour le besoin ; l'esprit même se cache, parce que toute la perfection de l'art consiste à imiter si naïvement la simple nature, qu'on le prenne pour elle. Ainsi on ne donne plus le nom d'esprit à une imagination éblouissante ; on le réserve pour un génie réglé et correct qui tourne tout en sentiment, qui suit pas à pas la nature toujours simple et gracieuse, qui ramène toutes les pensées aux principes de la raison, et qui ne trouve beau que ce qui est véritable. On a senti même en nos jours que le style fleuri, quelque doux et quelque agréable qu'il soit, ne peut jamais s'élever au-dessus du genre médiocre, et que le vrai sublime, dédaignant tous les ornements empruntés, ne se trouve que dans le simple.

On a enfin compris, Messieurs, qu'il faut écrire comme les Raphaël, les Carrache et les Poussin ont peint, non pour chercher de merveilleux caprices et pour faire admirer leur imagination, en se se jouant du pinceau, mais pour peindre d'après nature. On a reconnu aussi que les beautés du Discours ressemblent à celles de l'Architecture. Les ouvrages les plus hardis et les plus façonnés du gothique ne sont pas les meilleurs. Il ne faut admettre dans un édifice aucune partie destinée au seul ornement ; mais visant toujours aux belles proportions, on doit tourner en ornement toutes les parties nécessaires à soutenir un édifice.

Ainsi on retranche d'un discours tous les ornements affectés qui ne servent ni à démêler ce qui est obscur, ni à peindre vivement ce qu'on veut mettre devant les yeux, ni à prouver une vérité par divers tours sensibles, ni à remuer les passions qui sont les seuls ressorts capables d'intéresser et de persuader l'auditeur : car la passion est l'âme de la parole. Tel a été, Messieurs, depuis environ soixante ans, le progrès des lettres que M. Pellisson aurait dépeint pour la gloire de notre siècle, s'il eût été libre de continuer son Histoire de l'Académie.

Un ministre, attentif à attirer à lui tout ce qui brillait, l'enleva aux lettres et le jeta dans les affaires. Alors quelle droiture, quelle probité, quelle reconnaissance constante pour son bienfaiteur! Dans un emploi de confiance, il ne songea qu'à faire du bien, qu'à découvrir le mérite et à le mettre en œuvre. Pour montrer toute sa vertu, il ne lui manquait que d'être malheureux. Il le fut, Messieurs : dans sa prison éclatèrent son innocence et son courage; la Bastille devint une douce solitude, où il faisait fleurir les lettres.

Heureuse captivité, liens salutaires, qui réduisirent enfin sous le joug de la foi cet esprit trop indépendant! Il chercha pendant ce loisir dans les sources de la tradition de quoi combattre la Vérité; mais la Vérité le vainquit, et se montra à lui avec tous ses charmes. Il sortit de sa prison honoré de l'estime et des bontés du Roi ; mais ce qui est bien plus grand, il en sortit étant déjà dans son cœur humble enfant de l'Eglise. La sincérité et le désintéressement de sa conversion lui en firent retarder la cérémonie, de peur qu'elle ne fût récompensée par une place que ses talents pouvaient lui attirer, et qu'un autre moins vertueux que lui aurait recherchée.

Depuis ce moment il ne cessa de parler, d'écrire, d'agir, de répandre les grâces du Prince, pour ramener ses frères errants. Heureux fruit des plus funestes erreurs! Il faut avoir senti par sa propre expérience tout ce qu'il en coûte dans ce passage des ténèbres à la lumière, pour avoir la vivacité, la patience, la tendresse, la délicatesse de charité qui éclatent dans ses écrits de controverse.

Nous l'avons vu, malgré sa défaillance, se traîner encore aux pieds des autels, jusqu'à la veille de sa mort, pour célébrer, disait-il, sa fête, et l'anniversaire de sa conversion. Hélas ! nous l'avons vu, séduit par son zèle et par son courage, nous promettre d'une voix mourante qu'il achèverait son grand ouvrage sur l'Eucharistie. Oui, je l'ai vu les larmes aux yeux, je l'ai entendu : il m'a dit tout ce qu'un catholique, nourri depuis tant d'années des paroles de la foi, peut dire pour se préparer à recevoir les sacrements avec ferveur. La mort, il est vrai, le surprit, venant sous l'apparence du sommeil, mais elle le trouva dans la préparation des vrais fidèles

Au reste, Messieurs, ses travaux pour la magistrature, et pour les affaires de la Religion que le Roi lui avait confiées, ne l'empêchaient pas de s'appliquer aux belles-lettres, pour lesquelles il était né. Sa plume fut d'abord choisie pour écrire le règne présent. Avec quelle joie verrons-nous, Messieurs, dans cette Histoire, un prince qui, dès sa plus grande jeunesse, achève par sa fermeté ce que le grand Henri son aïeul osa à peine commencer ! Louis étouffe la rage du duel, altéré du plus noble sang des Français. Il relève son autorité abattue, règle ses finances, discipline ses troupes. Tandis que d'une main il fait tomber à ses pieds les murs de tant de villes fortes aux yeux de tous ses ennemis consternés, de l'autre il fait fleurir par ses bienfaits les sciences et les beaux-arts dans le sein tranquille de la France.

Mais que vois-je, Messieurs? une nouvelle conjuration de cent peuples qui frémissent autour de nous, pour assiéger, disent-ils, ce grand royaume comme une seule place. C'est l'hérésie, presque déracinée par le zèle de Louis, qui se ranime et qui rassemble tant de puissances. Un prince ambitieux ose, dans son usurpation, prendre le nom de libérateur : il réunit les Protestants, et il divise les Catholiques.

Louis seul pendant cinq années remporte des victoires et fait des conquêtes de tous côtés sur cette Ligue, qui se vantait de l'accabler sans peine et de ravager nos provinces. Louis seul soutient, avec toutes les marques les plus naturelles d'un cœur noble et tendre, la majesté de tous les rois en la personne d'un roi indignement renversé du trône. Qui racontera ces merveilles, Messieurs ?

Mais qui osera dépeindre Louis dans cette dernière campagne, encore plus grand par sa patience que par sa conquête ? Il choisit la plus inaccessible place des Pays-Bas : il trouve un rocher escarpé, deux profondes rivières qui l'environnent, plusieurs places fortifiées dans une seule ; au-dedans une armée entière pour garnison, au-dehors la face de la terre couverte de troupes innombrables d'Allemands, d'Anglais, de Hollandais, d'Espagnols, sous un chef accoutumé à risquer tout dans les batailles. La saison se dérègle, on voit une espèce de déluge au milieu de l'été : toute la nature semble s'opposer à Louis. En même temps il apprend qu'une partie de sa flotte, invincible par son courage, mais accablée par le nombre des ennemis, a été brûlée, et il supporte l'adversité comme si elle lui était ordinaire. Il paraît doux et tran- quille dans les difficultés, plein de ressource dans les accidents imprévus ; humain envers les assiégés, jusqu'à prolonger un siége si périlleux pour épargner une ville qui lui résiste et qu'il peut foudroyer. Ce n'est ni en la multitude des soldats aguerris, ni en la noble ardeur de ses officiers, ni en son propre courage, ressource de toute l'armée, ni en ses victoires passées, qu'il met sa con- fiance : il la place encore plus haut dans un asile inaccessible, qui est le sein de Dieu même. Il revient enfin victorieux, les yeux bais- sés sous la puissante main du Très-Haut, qui donne et qui ôte la victoire comme il lui plaît ; et ce qui est plus beau que tous les triomphes, il défend qu'on le loue.

Dans cette grandeur simple et modeste, qui est au-dessus non- seulement des louanges, mais encore des événements, puisse-t-il, Messieurs, puisse-t-il ne se confier jamais qu'en la vertu, n'é- couter que la vérité, ne vouloir que la justice, être connu de ses ennemis (ce souhait comprend tout pour la félicité de l'Europe), devenir l'arbitre des nations, après avoir guéri leur jalousie, faire sentir toute sa bonté à son peuple dans une paix profonde, être longtemps les délices du genre humain, et ne régner sur les hom- mes que pour faire régner Dieu au-dessus de lui !

Voilà, Messieurs, ce que M. Pellisson aurait éternisé dans son Histoire. L'Académie a fourni d'autres hommes dont la voix est assez forte pour le faire entendre aux siècles les plus reculés ; mais une matière si vaste vous invite tous à écrire. Travaillez donc tous à l'envi, Messieurs, pour célébrer un si beau règne. Je ne saurais mieux témoigner mon zèle à cette compagnie que par un souhait si digne d'elle.

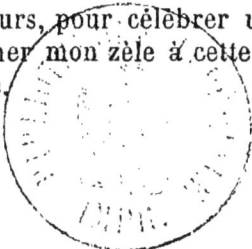

FIN.

TABLE.

—

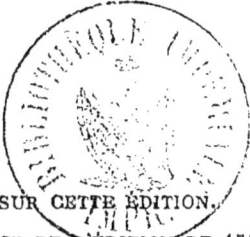

FIN DE LA TABLE.

LIMOGES et ISLE. — Typog. Eugène Ardant et C. Thibaut.

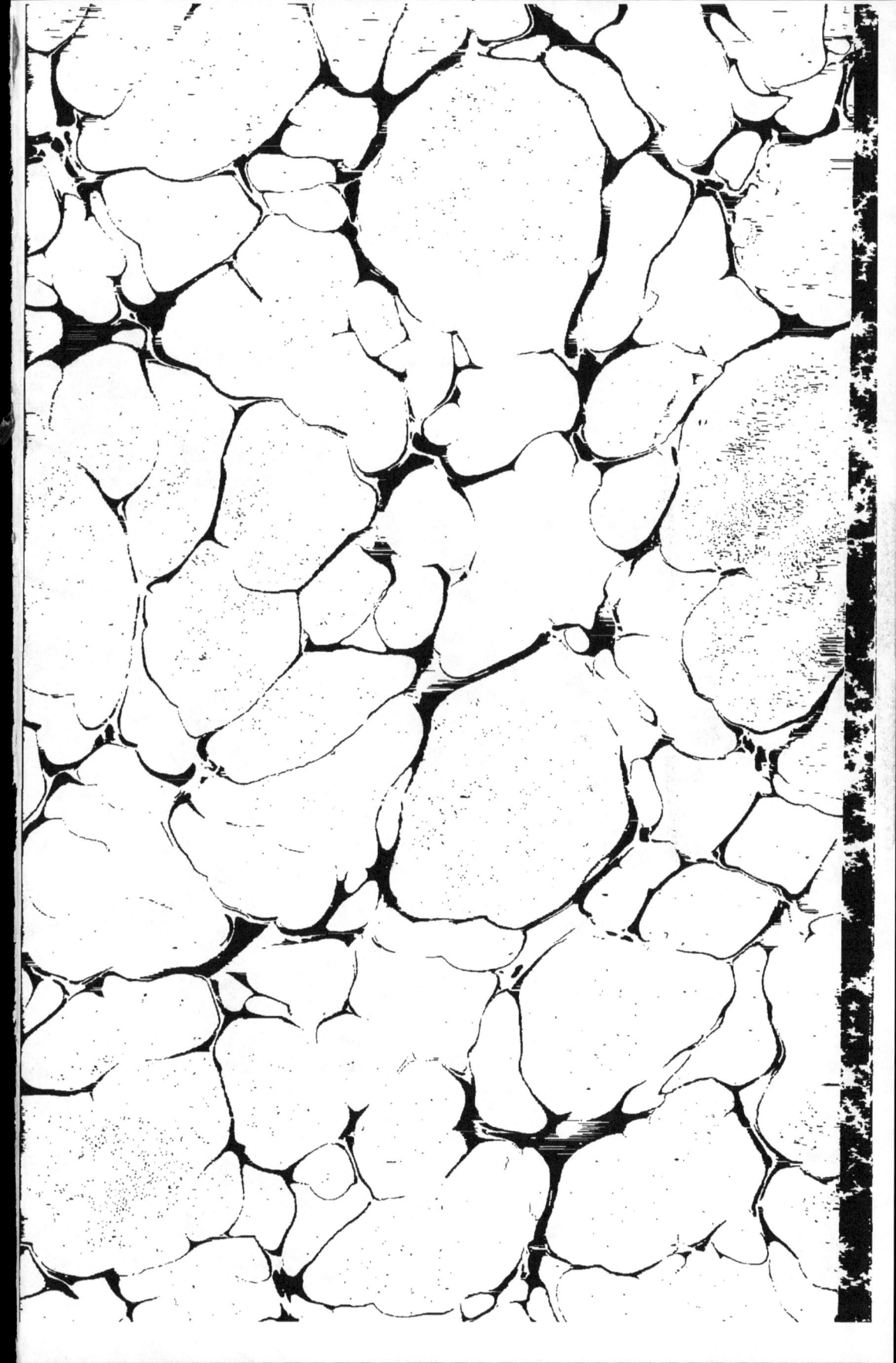

BIBLIOTHEQUE NATIONALE DE FRANCE

www.ingramcontent.com/pod-product-compliance
Lightning Source LLC
Chambersburg PA
CBHW060803110426
42739CB00032BA/2565